T. Marin

D0997809

La Prova Orale 1

*Materiale autentico per la
conversazione e la preparazione
agli esami orali*

livello elementare - intermedio

EDI*LINGUA*

www.edilingua.it

© Copyright edizioni EdiLingua
Moroianni 65 12133 Atene
Tel./fax: ++30-1-57.33.900

www.edilingua.it
e-mail address: info@edilingua.it

I edizione: agosto 2000
Impaginazione e progetto grafico: EdiLingua
I.S.B.N. 960-7706-28-5

L'editore è a disposizione degli aventi diritto non potuti reperire; porrà inoltre rimedio, in caso di cortese
segnalazione, ad eventuali omissioni o inesattezze nella citazione delle fonti.

Vorrei ringraziare tutti i colleghi che, con i loro commenti sull'edizione precedente, mi hanno permesso di migliorare, spero, quella nuova. In più, gli amici colleghi che, utilizzando questo materiale in classe, ne hanno indicato la forma definitiva. Infine, il prof. Sandro Magnelli, per i suoi validi suggerimenti durante la stesura della prima edizione.

*Dedicato ai miei alunni, per tutto quello che mi hanno insegnato finora
e per aver partecipato volentieri ai miei 'esperimenti didattici'*

T. Marin ha studiato lingua e letteratura italiana presso le Università degli Studi di Bologna e Aristotele di Salonicco. Ha maturato la sua esperienza didattica insegnando presso varie scuole d'italiano. È autore di diversi testi per l'insegnamento della lingua italiana: *Progetto italiano 1* e *2, La Prova Orale 1* e *2, l'Intermedio in tasca, Primo Ascolto, Ascolto Autentico, Ascolto Medio, Ascolto Avanzato* ed ha curato la collana *Video italiano*. Ha tenuto varie conferenze sulla didattica dell'italiano come lingua straniera e sono stati pubblicati numerosi suoi articoli sullo stesso argomento.

edizioni EDILINGUA

T. Marin - S. Magnelli **Progetto italiano 1**
Corso di lingua e civiltà italiana. Livello elementare - intermedio

T. Marin - S. Magnelli **Progetto italiano 2**
Corso di lingua e civiltà italiana. Livello medio

S. Magnelli - T. Marin **Progetto italiano 3**
Corso di lingua e civiltà italiana. Livello superiore

A. Cepollaro **Video italiano 1**
Videocorso italiano per stranieri. Livello elementare - intermedio

A. Cepollaro **Video italiano 2**
Videocorso italiano per stranieri. Livello medio

A. Cepollaro **Video italiano 3**
Videocorso italiano per stranieri. Livello superiore

T. Marin **La Prova orale 1**
Manuale di conversazione. Livello elementare - intermedio

T. Marin **La Prova orale 2**
Manuale di conversazione. Livello medio - avanzato

A. Moni **Scriviamo!**
Attività per lo sviluppo dell'abilità di scrittura. Livello elementare - intermedio

M. Zurula **Sapore d'Italia**
Antologia di testi. Livello medio

T. Marin **Primo Ascolto**
Corso per la comprensione orale. Livello elementare - intermedio

T. Marin **Ascolto Medio**
Corso per la comprensione orale. Livello medio

T. Marin **Ascolto Avanzato**
Corso per la comprensione orale. Livello superiore

T. Marin **l'Intermedio in tasca**
Preparazione alla prova scritta. Livello intermedio

Indice

Titolo	pag.	Titolo	pag.
Come descrivere una foto	9	18. Stampa e libri ■■	35
1. Mi presento… ■	11	19. Questi ragazzi ■■	37
2. La mia famiglia ■	12	20. Amicizia e amore ■■	39
3. Gli amici ■	13	21. Bellezza, che fatica! ■■	41
4. La mia casa ■	14	22. Città o campagna? ■■	43
5. Una gita ■	15	23. Sport ■■	45
6. Personaggi famosi ■	16	24. In giro per i negozi ■■	47
7. A scuola ■	17	25. Spostarsi in città ■■	49
8. Professioni ■	18	26. Viaggiando ■■	51
9. Mezzi pubblici ■	19	27. Una vita sui banchi ■■	53
10. Musica ■	20	28. La tecnologia e noi ■■	55
11. Tempo libero ■□	21	29. Vacanze ■■	57
12. Guardare la tv ■□	23	30. Sposati con figli ■■	59
13. Abbigliamento e moda ■□	25	31. Che si fa stasera? ■■	61
14. A tavola ■□	27	32. Lavorare ■■	63
15. Animali domestici e non ■□	29	33. Feste e costumi ■■	65
16. Cinema e teatro ■□	31	34. Medici e salute ■■	67
17. Mercati e supermercati ■■	33	35. Tempo e ambiente ■■	69

Test n. 1	71
Test n. 2	73
Glossario	75

Per capire l'indice

■ Livello simile alle prove orali del CELI 1 (Perugia), del CILS 1 (Siena) o altri diplomi.

■■ Livello simile alle prove orali del CELI 2 (Perugia), del CILS 2 (Siena) o altri diplomi.

Unità tematiche come p.e. *Abbigliamento e moda* (■□) possono essere utilizzate a entrambi i livelli.

Premessa

La Prova orale 1 è un moderno manuale di conversazione che ha un doppio obiettivo: dare, anzitutto, agli studenti d'italiano la possibilità e gli spunti per esprimersi liberamente e spontaneamente, sviluppando così l'abilità di *produzione orale*. D'altra parte, dal momento che, spesso, uno dei motivi per cui si impara una lingua è il conseguimento di una certificazione, scopo della *Prova orale 1* è preparare gli studenti d'italiano a superare appunto la *prova orale* di questi esami.

Questa seconda edizione della *Prova orale 1* è stata completamente rinnovata. I sei anni trascorsi dalla prima, fortunata, edizione, e i preziosi commenti dei numerosi colleghi che hanno utilizzato il volume nei loro corsi, mi hanno consentito di migliorare il libro, creandone praticamente uno nuovo, adatto - spero - alle esigenze di chi insegna e di chi impara l'italiano oggi.

Struttura e obiettivi didattici

Il libro è composto da **35 unità tematiche**, che coprono una vasta gamma di argomenti, basandosi soprattutto su materiale fotografico. Le numerose domande che corredano questo materiale hanno lo scopo di dare a tutti gli studenti la possibilità di esprimersi quanto più possibile, scambiandosi spesso idee tra di loro. Come avrete la possibilità di notare, la discussione si rinnova continuamente, prendendo ogni tanto spunto dal materiale presentato, cercando di mantenere sempre vivi l'interesse degli studenti e il ritmo della lezione.

Le **domande** non sono tutte della stessa difficoltà: si parte sempre con domande semplici per arrivare pian piano ad approfondire l'argomento, tenendo conto del diverso livello linguistico degli studenti, ma anche del bisogno che hanno di "riscaldarsi". Per questo motivo figurano sempre domande meno complicate da porre ai meno "abili". Attenzione, però: se questo diventa la norma, gli studenti cui vengono fatte sempre le domande "facili", potrebbero sentirsi demotivati. Bisogna, dunque, dar loro ogni tanto la possibilità di parlare anche di argomenti più complicati. Si è data, infine, particolare attenzione alla formulazione delle domande, in modo che siano adatte per studenti di più fasce di età.

Per ogni argomento viene presentato un **lessico utile**. Si è cercato di dare ogni volta le parole che saranno utili alla discussione, ma anche alla descrizione delle foto. Le parole e le espressioni presentate fungono più da fonte di spunti e di idee che da glossario. Per questo, i discenti incontreranno forse in questo lessico parole che a prima vista possono considerare note; di solito, però, si tratta di vocaboli che fanno parte del loro *vocabolario passivo*, che vanno ricordate per facilitare la discussione.

Dall'undicesima unità tematica in poi, per ogni argomento c'è anche una **situazione**. Lo scopo è quello di preparare i discenti per situazioni verosimili, in cui saranno chiamati ad usare la lingua italiana in modo creativo per comunicare in modo efficace: per chiedere aiuto, per protestare, per informare o essere informati, ecc.. Durante lo svolgimento di questi "role-play", ci sono alcuni "particolari" da tener conto: ogni intervento dell'insegnante dovrebbe mirare ad incoraggiare gli studenti e a fornire idee e spunti e non a correggere eventuali errori commessi (di come trattare gli errori si parla in seguito). Un altro elemento da tener presente è che spesso alcuni studenti, specialmente forse i meno giovani, si trovano a disagio quando devono "interpretare" un ruolo. In questo caso non si dovrebbe insistere; dovrebbero essere loro a scegliere il ruolo che più gli interessa. Ovviamente, se svolgere un compito comunicativo fa parte della loro preparazione ad un esame di lingua, dovrebbero loro stessi sentirsi più motivati. Ma anche in questo caso l'insegnante dovrebbe incoraggiarli il più possibile.

In alcune unità tematiche c'è inoltre un'**attività comunicativa**, che consiste in una breve discussione tra gli studenti, divisi in coppie. Scopo di quest'attività è di dare loro la possibilità di esprimersi più liberamente, sempre in italiano, senza sentire il controllo, diretto o indiretto, dell'insegnante o dei compagni. Questa libera espressione è seguita da un'altra più controllata, in quanto tutte le informazioni e idee scambiate vengono poi riportate al resto della classe. Ovviamente ogni attività può essere facilmente trasformata in una semplice domanda, se l'insegnante lo ritiene opportuno (mancanza di tempo, lezione privata, ecc.).

Il **glossario**, alla fine del libro, comprende le parole più difficili del *lessico utile* di ogni unità tematica. Ha lo scopo di facilitare la preparazione della lezione: dover spiegare tutte le parole nuove è per il docente un compito che spesso richiede tempo prezioso. Gli studenti, dunque, conoscendo meglio i loro bisogni, possono semplicemente consultare il glossario ogni qualvolta ne avranno bisogno. Si è cercato, dunque, di spiegare in modo semplice quelle parole ritenute sconosciute alla maggior parte di loro, oppure quelle la cui spiegazione in italiano risulta comprensibile per studenti di questi livelli.

I due **test**, ognuno composto da 8 brevi prove (basate su foto o sequenze di foto), possono essere usati liberamente, nell'ultima fase di preparazione, alla fine dell'anno scolastico o di un semestre, ecc.. Il primo test corrisponde più o meno alle prime 15 unità tematiche, mentre il secondo a quelle successive.

Quando e quanto usare La Prova orale 1

Come potrete notare, il libro vanta una grande quantità e varietà di stimoli alla discussione e in molti casi potrebbe fornire materiale sufficiente per oltre un anno scolastico. Si potrebbe adottare in classi di principianti o falsi principianti, ed essere usato fino ad un livello intermedio. Può corredare qualsiasi libro di testo ed è stato disegnato in modo da poter essere inserito in curricoli scolastici diversi e in qualsiasi periodo del curricolo stesso.

Ogni *unità tematica* può fornire da 30 (quelle iniziali) a 60 minuti di conversazione, secondo l'uso che ne viene fatto: quanti studenti rispondono ad ogni domanda, se e quanto discutono tra di loro, ecc..
Ogni *situazione* può fornire da 5 a 10 minuti di conversazione; è consigliabile, comunque, ogni tanto far recitare ogni situazione a più di una coppia, modificandone magari i particolari o le componenti.

Riflessioni sulla produzione orale / Suggerimenti e idee per un miglior uso del libro

Fateli parlare! La conversazione è forse la fase del processo didattico più difficile e delicata: lo studente è chiamato a comunicare, a farsi capire in una lingua straniera, cosa non semplice. L'insegnante, avendo molti ostacoli (psicologici e pratici) da superare, ha bisogno di tutte le sue risorse di energia e vitalità. Studenti timidi, deboli, senza la necessaria fiducia in se stessi (colpa forse anche nostra), non sempre sono volenterosi nel parlare e hanno costantemente bisogno di essere motivati; ancor di più i principianti. Disporre di materiale didattico appropriato è sicuramente importantissimo, ma altrettanto importante è l'abilità del professore nel guidare e nell'animare la discussione:

- *riformulando e arricchendo le domande* in modo da renderle più comprensibili quando non lo sono.

- *stando fisicamente vicino agli studenti*, diminuendo così le distanze psicologiche. L'insegnante deve "trasmettere" la sua energia e creare un'atmosfera amichevole, adatta per una discussione, cosa che non si può fare "ex cathedra".

- *prendendo parte allo scambio di opinioni*, esprimendo se necessario anche la sua, il contrario cioè di quello che si fa di solito durante il resto della lezione. Certo, se l'insegnante parla troppo, è probabile che gli studenti si blocchino.

- *incoraggiando continuamente la partecipazione*, i commenti e gli interventi di tutti, facendo capire che ogni singola domanda può e deve dare avvio a scambi di idee. D'altra parte, è importante che il parlante abbia il tempo necessario per organizzare e concludere il suo pensiero, senza sentirsi pressato dall'insegnante o dai compagni.

Sarebbe veramente utile per ogni insegnante seguire un seminario sul "body language", il linguaggio del corpo. Per chi non ha questa possibilità, una buona alternativa sarebbe qualsiasi libro in materia di Alan Pease.

La scelta dell'argomento su cui discutere è una cosa delicata. Nel libro le unità tematiche vengono presentate secondo un ordine determinato, a seconda della loro difficoltà. L'argomento di una discussione, però, deve anzitutto piacere ai parlanti, suscitare il loro interesse. Quindi, se vi rendete conto che il tema che avete scelto non entusiasma i vostri alunni, non insistete; lasciate che ogni tanto scelgano loro su cosa vogliono discutere. D'altra parte però, se si preparano ad un esame orale, allora sarà utile per loro poter parlare anche di argomenti che non sono tra i loro preferiti.

Viva l'errore! La correzione degli errori è un argomento assai discusso che crea spesso molti problemi. "Sbagliando s'impara" esprime lo spirito nel quale si dovrebbe svolgere tutta la lezione e, soprattutto, la conversazione. Uno dei motivi per cui gli studenti non parlano è la nostra esagerazione nel correggerli, il che, molto spesso, crea loro dei blocchi psicologici: non parlano perché hanno paura dell'errore. E quando vogliono o devono parlare fuori della classe, spesso, nonostante la pressione psicologica sia diminuita, avvertono lo stesso disagio.

Infatti, molti insegnanti hanno la tendenza ad insistere troppo sulla precisione, non tenendo conto che la accuratezza è solo uno degli aspetti della produzione orale; altrettanto importante è l'abilità di capire e farsi capire, cioè, in altri termini, di comunicare. E, in teoria, più un discente parla e più impara a parlare bene.

Secondo le istruzioni date agli esaminatori orali dei vari esami di lingua, nel corso di una prova orale non si dovrebbe intervenire in caso di errore, mentre si dovrebbe evitare anche qualsiasi osservazione sull'andamento dell'esame, positivo o negativo che sia. Anche se questo riguarda la *fase di controllo*, la nostra filosofia durante la *fase di apprendimento*, non dovrebbe essere molto diversa. La soluzione - se così si può chiamare - si trova a metà strada: quello che potremmo fare è "monitorare" gli errori più spesso commessi allo scopo di revisionarli a tempo opportuno, senza però personalizzarli. Oppure ripetere semplicemente la forma giusta, cercando di non interrompere il parlante. In questo modo lo studente non si blocca e si rende conto dell'errore commesso. Allo stesso tempo capisce che l'errore è una cosa naturale, perdonabile e correggibile. Un'opportunità per migliorarsi.

Buon lavoro,
con stima
l'autore

Apprezzerei, da parte dei colleghi, qualsiasi suggerimento, commento o consiglio che potrebbe contribuire al completamento o miglioramento del libro in edizioni future.

La Prova Orale
Come descrivere una foto

Al centro della foto / in primo piano, c'è / possiamo vedere due persone che...

In questa foto c'è una coppia; sono / si trovano in una spiaggia / al mare...

Secondo me, queste persone sono...

Sullo sfondo c'è il mare che è...; in più, ci sono...

Il tempo è bello... / forse è domenica

In questa foto ci sono alcuni bambini che stanno disegnando...

In alto / sulla parete ci sono quadri...

Secondo me, si trovano in un museo, perché...

Il bambino al centro della foto sta guardando...

Il bambino a sinistra è...

Davanti a loro ci sono fogli...

Altre espressioni utili:

nella prima foto vediamo... / a destra c'è... / a sinistra si può vedere... / si trova in un... / in alto... / in basso... / in secondo piano... / in questo momento sta parlando... / probabilmente... / forse... / non sembra... / accanto a... / davanti a... / dietro... / sopra... / insieme a... ecc.

1. Mi presento...

lessico utile

sono...		ho i capelli...	
alto	# basso	ricci	# lisci
magro	# grasso	corti	# lunghi
giovane	# vecchio	biondi, castani, neri, rossi	
bello	# brutto	**ho gli occhi...**	
sono un po'... / molto...		azzurri, castani, neri, verdi	

lavoro / vado a scuola / studio

Mi chiamo Luca e sono di Roma. Ho 23 anni e lavoro. Sono alto, ho i capelli e gli occhi neri.

Mi chiamo Sara e sono di Londra. Ho 16 anni e vado a scuola. Ho i capelli biondi, lisci e un po' corti e gli occhi azzurri.

Io sono Anna e sono francese. Ho 19 anni e studio. Non sono molto alta, ma sono magra. Ho i capelli castani, lunghi e ricci.

1. E tu, come ti chiami?
2. Quanti anni hai?
3. Di dove sei?
4. Lavori o studi?
5. Come sei?

2. La mia famiglia

lessico utile (glossario a p. 76 - ved. anche p. 11)

mio padre   i miei genitori   sposato
mia madre   mio nonno   giovane
mio fratello   mia nonna   anziano
mia sorella   figlio/a   felice

"amo molto..."   "è più grande / piccolo di me"
"non vado d'accordo con mio..."   "la mia famiglia è composta da 4 persone"
"sono molto legato a..."   "porta gli occhiali"

1. Descrivete la foto. Chi sono queste persone, secondo voi?

2. Parlate della vostra famiglia: da quante persone è composta?

3. Descrivete i vostri genitori.

4. Avete dei fratelli? Come si chiamano e quanti anni hanno?

5. Descrivete i vostri fratelli. Che cosa fanno?

6. Siete legati ai vostri genitori e ai vostri fratelli? Con chi in particolare?

3. Gli amici

lessico utile (glossario a p. 76 – ved. anche pp. 11 e 12)

il mio amico migliore
la mia amica migliore
i miei amici
le mie amiche

amico/a del cuore
bravo ragazzo
uscire
spesso

una volta alla settimana
ogni sabato sera
discutere
chiacchierare

"è una persona: simpatica, allegra, gentile, aperta / chiusa"
"è intelligente, divertente, interessante, sincero"
"siamo amici da molto tempo"

"mi capisce"
una compagnia di amici

ridere
costume da bagno
segreto
sedia a sdraio

1. Descrivete la foto.

2. Presentate il vostro amico (o amica) del cuore: come si chiama, quanti anni ha, che cosa fa, ecc..

3. Parlate ora del carattere dei vostri amici.

4. Incontrate spesso i vostri amici? Quando e dove?

5. Voi e i vostri amici avete gli stessi interessi? Quali?

6. Preferite stare soli con una persona amica o con una grande compagnia di amici?

4. La mia casa

lessico utile (glossario a p. 76)

camera	*casa a tre piani*	*piccolo*
stanza	*appartamento*	*comodo*
palazzo	*moderno*	*luminoso*
edificio	*grande*	*accogliente*

"abito in via Giusti 28, vicino a..."   *al pianoterra / all'ultimo piano*
al primo / al secondo / al terzo piano   *"l'affitto è un po' alto"*
in centro / in periferia   *la cucina / il bagno / il soffitto*

il salotto: divano, tavolino, camino, quadri

la camera da letto: letto, finestra, tappeto

1. Descrivete in breve le foto. Cosa c'è nel salotto, nella camera da letto e nello studio?

2. Dove abitate? In quale via e zona della città?

3. È una casa o un appartamento? A quale piano è?

4. Descrivete in breve la vostra casa: com'è, quante camere ha ecc..

5. Fate ora una descrizione della vostra camera: com'è, quali mobili ci sono ecc.. È tutta vostra?

6. Di solito, in quale stanza della casa passate più tempo e perché?

lo studio: poltrona, scrivania, lampadario, libreria

5. Una gita

lessico utile (glossario a p. 76)

sulla spiaggia	pietre	in campagna
al mare	sabbia	in montagna
in primavera	il fine settimana	prato
in estate	camminare	il verde
zaino	aquilone	nuvola
fare una gita	fare un picnic	"fa bel tempo"
respirare aria pulita	"c'è molta gente"	"è una bella giornata"
andare in macchina	"fa molto caldo"	"c'è il sole"

1. Descrivete le due foto.

2. Che tempo fa? In quale stagione siamo, secondo voi?

3. Nel fine settimana per voi è meglio fare una gita, stare a casa e riposare o fare un giro in città? Scambiatevi idee.

4. Fate spesso delle gite? Dove andate di solito e con chi?

5. Preferite una gita al mare o in montagna? Perché?

6. Dove e per quanto tempo andate di solito in vacanza? Scambiatevi idee.

6. Personaggi famosi

lessico utile (glossario a p. 76)

famoso	protagonista	opera
conosciuto	comico	cantare / cantante
successo	commedia	italiano
attore / attrice	il calciatore	americano
film	il tenore	brasiliano

"è famoso in tutto il mondo"
"mi piace molto / di più..."
"è molto bravo"

"la sua vita privata"
"ha bellissimi occhi"
"è una delle migliori"

1. Osservate le foto. Chi sono questi personaggi?

2. Fate una breve descrizione di queste persone: quanti anni hanno, di dove sono, che lavoro fanno?

3. Conoscete altri particolari sulla loro vita o la loro carriera? Scambiatevi informazioni.

4. Qual è per voi il personaggio più simpatico e perché? Scambiatevi idee.

5. C'è qualcuno che trovate antipatico? Per quale motivo?

6. Chi è il vostro personaggio preferito (attore/attrice, cantante, politico, atleta, ecc.)? Fate in breve il suo profilo.

7. A scuola

lessico utile (glossario a p. 76)

il professore

la professoressa

alunno / allievo

aula

banco

intervallo

scuola elementare

scuola media

scuola superiore

studiare

alcune materie	
matematica	latino
geografia	greco antico
chimica	ginnastica
fisica	storia

"frequento la scuola media"

"vado alla prima classe del liceo"

"sono molto bravo in matematica"

prendere un voto alto

"devo superare un esame"

"non mi piace affatto la fisica"

1. Descrivete la foto in alto.

   Soprattutto per voi che andate a scuola:

2. In quale classe siete?

3. Quali sono le vostre materie preferite? (*mi piace... / mi piaceva...*)

4. Quali quelle che non vi piacciono per niente? (*non mi piace... / non mi piaceva...*)

5. C'è qualche professore che secondo voi è molto bravo o simpatico? Perché?

   Anche per voi che avete finito la scuola:

6. Quali sono i momenti più belli della scuola? Scambiatevi idee.

7. Quali sono invece i momenti più difficili?

8. Avete ancora amici dagli anni di scuola? Parlatene.

8. Professioni

lessico utile (glossario a p. 76)

impiegato	noioso	pesante
commesso	difficile	stipendio
avvocato	facile	guadagnare
attore/attrice	interessante	direttore
faticoso	orario	casalinga

"lavoro in un negozio di abbigliamento"   "lo stipendio non è molto alto"
"sono impiegato"   "sono disoccupato"

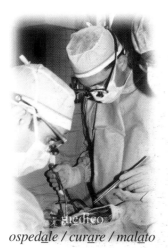

medico
ospedale / curare / malato

segretaria
ufficio / computer / telefono

modella
sfilata / foto / vestiti

fotografo
scattare foto / giornale / rivista

pilota - hostess
viaggiare / in aereo / paesi

architetto
progettare / casa / disegno

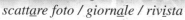

1. Con l'aiuto del lessico parlate delle professioni presentate nelle foto.

2. Secondo voi, quale di queste professioni è più interessante e perché? Scambiatevi idee.

3. Qual è la più difficile e perché?

4. Quanti di voi lavorano? Parlate del vostro lavoro, o di quello dei vostri genitori.

5. A che ora cominciate a lavorare e a che ora finite? Vi piace il vostro lavoro?

6. Se non lavorate ancora, cosa pensate di fare in futuro?

9. Mezzi pubblici

lessico utile (glossario a p. 76)

autobus	*la stazione*	*affollato*
fermata	*in orario*	*corsa*
biglietto	*in ritardo*	*fila*
il tram	*trasporto*	*sciopero*
il metrò	*urbano*	*traffico*

stare in piedi / seduto   *"mi conviene di più"*
prendere l'autobus / andare a piedi   *"la fermata è vicino a casa mia"*
salire sull' / scendere dall'autobus   *"mi dà fastidio stare in piedi"*

1. Descrivete la foto in alto.

2. Usate spesso l'autobus o no e perché? Dove andate di solito in autobus?

3. Quali altri mezzi di trasporto urbano ci sono nella vostra città?

4. Voi quale usate più spesso e perché?

5. Quanto costa il biglietto di questi mezzi? È caro, secondo voi?

6. I mezzi pubblici sono di solito in orario o bisogna aspettare molto? Scambiatevi idee.

7. Osservate la foto a destra e descrivetela in breve. È un'immagine che vedete spesso?

8. Nella vostra città la gente usa i mezzi pubblici o usa soprattutto l'auto?

10. Musica

lessico utile (glossario a p. 76)

sul divano	il mangianastri	concerto
le cuffie	lo stereo	sul palco
la canzone	il registratore	ad alto volume
il/la cantante	in discoteca	il pubblico
la radio	gruppo / banda	strumento musicale

generi di musica: leggera, rock, classica, pop, jazz, rap, da ballo, techno

"mi piace ascoltare…"   "preferisco la musica rock"
"so suonare il pianoforte / la chitarra"   "ha una bellissima voce"

1. Descrivete la prima foto a destra.

2. Quali generi di musica preferite? Scambiatevi idee.

3. Chi sono i vostri artisti preferiti? Parlate delle vostre preferenze.

4. Comprate molti cd di musica? Quanto costano più o meno?

5. Ascoltate spesso musica alla radio? Quando? Quali sono le stazioni che preferite?

6. Descrivete la seconda foto.

7. Siete mai stati ad un concerto? Parlatene: dove, quando, chi erano gli artisti, ecc..

8. Cosa sapete della musica italiana? Ci sono cantanti o canzoni che vi piacciono? Scambiatevi informazioni.

11. Tempo libero

lessico utile (glossario a p. 77)

passatempo	divertente	uscire
hobby / interesse	piacevole	discutere
leggere	divertimento	chiacchierare
interessante	in bicicletta	giochi di società
noioso	andare in giro	il cruciverba

giocare con i videogiochi

trascorrere / passare il tempo

fare sport / giocare a calcio

"mi piace guardare la tv"

giocare a scacchi, a dama

andare a bere un caffè

"sono stufo delle stesse cose"

"ho molto da fare"

1. Descrivete le due foto di questa pagina.
2. Quello che sta facendo il ragazzo è un passatempo tipico dei giovani di oggi?
3. Voi avete del tempo libero? Quando di solito?
4. Se non ne avete abbastanza, quali sono i motivi?
5. In che modo preferite trascorrere le ore libere della giornata? Scambiatevi idee.

6. Osservate le foto di questa pagina e descrivetele in breve.

7. Tra questi passatempi quali vi piacciono e quali no? Scambiatevi idee e motivatele.

8. Ci sono cose che volete fare nel tempo libero, ma non potete? Quali e perché?

9. I giovani di oggi hanno abbastanza tempo libero o no e perché?

10. È importante avere tempo libero, secondo voi?

Situazione: Un tuo amico invita te e pochi altri amici a passare una settimana nella sua casa in montagna, lontano da impegni di studio o lavoro. Accetti con piacere e chiedi al tuo amico come passa di solito le sue giornate. Scopri che i suoi passatempi sono poco interessanti e proponi altre cose che potete fare per non morire di noia…

12. Guardare la tv

lessico utile (glossario a p. 77)

programma	accendere	il telegiornale	talk show
televisivo	spegnere	gioco / quiz	documentario
trasmissione	telespettatore	il varietà	film
il canale	fare zapping	telefilm	pubblicità
il televisore	telecomando	telenovela	statale / privato

"va in onda / è trasmessa ogni..."   "ogni domenica alle 21,00"
"su RAI 3 c'è un bel film"   "cosa c'è stasera alla tv? / cosa danno?"
"questo programma è molto seguito"   "mi dà fastidio la pubblicità"
tv / canale a pagamento   un televisore a colori

1. Descrivete la foto in alto. È un'immagine che si vede spesso?

2. Voi guardate spesso la televisione? In quali ore della giornata di solito?

3. Che tipo di programmi guardate in genere? Scambiatevi idee.

4. Qual è la vostra trasmissione preferita? Quando e su quale canale va in onda? Che tipo di programma è?

5. Cosa succede se i membri della vostra famiglia non vogliono vedere gli stessi programmi?

6. **Attività:** Formate gruppi di due o tre e osservate il programma televisivo nella pagina seguente. Ogni gruppo dovrà scegliere un canale diverso; cercando di parlare tra di voi solo in italiano, fate una lista delle caratteristiche del vostro canale. Alla fine ogni gruppo dovrà riferire agli altri le sue conclusioni (p.e. "su questo canale ci sono molti...", "non ci sono abbastanza...", ecc.).

7. Parlate della televisione del vostro Paese: quanti canali statali, privati o a pagamento ci sono?

RAIUNO
☎ 06/36864890

6.00 EURONEWS
6.30 CINEMA: un'avventura lunga un secolo
documentario
6.45 UNO MATTINA ☎ 0769/73915
Per giocare: ☎ 0769/73933
●TG1 (7-7.30-8-9)-TG1 Flash (8.30-9.30)
9.35 BUON NATALE A TUTTO IL MONDO
Concerto di Natale per bambini
con il Piccolo Coro "Mariele Ventre"
dell'Antoniano di Bologna
10.25 SANTA MESSA
Celebrata da Sua Santità Giovanni Paolo II
dalla Basilica di San Pietro in Roma
11.45 SPECIALE SETTIMO GIORNO
"Natale nel Mondo" rubrica religiosa
11.55 MESSAGGIO NATALIZIO E BENEDIZIONE URBI
ET ORBI di Sua Santità Giovanni Paolo II
da Città del Vaticano
12.30 CONCERTO DI NATALE ♫
diretto da Riccardo Muti

13.45 ● TELEGIORNALE
14.10 40' CON RAFFAELLA
Per giocare ☎ 0769/73941
15.00 FILM FANTASTICO ◆◆◆◆ 120 777
POMI D'OTTONE E MANICI DI SCOPA
1971 di R. Stevenson con A. Lansbury
Durante l'ultima guerra, in una piccola lo-
calità inglese, la signorina Price accoglie
in casa tre bambini sfollati, i quali si rendono conto presto che la donna è un'ap-
prendista strega.
16.45 FILM ANIMAZIONE ◆◆◆◆ 120 777
DUMBO
1941 di Ben Sharpsteen
In un circo, Dumbo, un elefantino dalle o-
recchie troppo lunghe, subisce lo scherno
di tutti gli altri animali. Grazie all'amicizia
di un topolino Dumbo scopre di possede-
re una grande dote: sa volare.
18.00 ● TG1
18.10 ITALIA SERA ☎ 06/33658060
18.45 LUNA PARK con Mara Venier

20.00 ● TG1 - TG1 Sport
20.35 LA ZINGARA con Cloris Brosca
Per giocare: ☎ 0769/73921
20.50 FILM FANTASTICO ◆◆◆◆ 180
MARY POPPINS
1964 di Robert Stevenson
con J. Andrews, D. Van Dyke
23.15 ● TG1 [3957748]
23.20 QUANDO RIDERE FACEVA RIDERE
comiche con Stanlio e Ollio
0.15 TG1 Notte - Agenda - Zodiaco
0.45 VIDEOSAPERE Media/Mente
1.15 SOTTOVOCE con Gigi Marzullo
1.30 Le avventure di Pinocchio (1972) scen. 4ª
p.; 2.30 Concerto per la pace ♫; 3.30 Archi-
vio dell'arte; 4.25 Ridolini gioca a golf;
4.40 Mi ritorni in mente replay: Gino Paoli
♫; 5.05 Il tenente Sheridan telefilm

RAIDUE
☎ 06/36864890

6.40 SCANZONATISSIMA
7.00 QUANTE STORIE!
- Babar; 7.25 Albert il quinto moschettiere;
7.50 Pimpa; 8.00 Heidi; 8.25 Pingu; 8.40 La
leggenda di Lochnager; 9.05 I Dinosauri d.
a.; 9.25 Blossom tel.; 9.50 Popeye d. a.
10.00 PERCHÉ? "Ho bisogno di te"
di Giovanni Anversa e Pierguido Cavallina
11.00 MEDICINA 33
11.15 ● TG2 MATTINA
11.30 I FATTI VOSTRI spettacolo ☎ 0769/7397
conduce Masimo Giletti

13.00 ● TG2 GIORNO
13.30 TG2 Costume e società
13.50 METEO 2
14.00 DIETRO LE QUINTE DE "IL GOBBO
DI NOTRE DAME"
14.25 FILM FANTASTICO ◆◆◆ 120 777
LA STORIA DI BABBO NATALE
1985 di Jeannot Szwarc
con David Huddlestone, Dudley Moore
In un immaginario paesino vivevano Claus
e Anya, un'anziana coppia senza figli.
Claus, abile artigiano del legno, costruiva
giocattoli che regalava a tutti i bambini
del villaggio. Ma un giorno...
16.15 ● TG2 Flash
16.20 SPECIALE NATALE 1966 spettacolo
da Piazza Italia con I I fatti vostri
buon Natale in famiglia
Pomeriggio dedicato ai bambini con giochi e collegamenti esterni.
17.15 ● TG2 Flash (all'interno)
18.10 METEO 2
18.15 ● TG2 Flash L.I.S.
18.20 IN VIAGGIO CON SERENO VARIABILE
con Osvaldo bevilacqua
18.35 SPECIALE NATALE 1966 spettacolo
da Piazza Italia con I I fatti vostri
buon Natale in famiglia
19.50 GO-CART ☎ 1678/61114
con Andrea Golino e Silvio Scotti

20.30 ● TG2 20.30
20.50 SPECIALE NATALE 1996 spett.
con "I fatti vostri" e "In famiglia"
23.30 ● TG2 Notte - Neon cinema
0.10 APPUNTAMENTO AL CINEMA
0.15 FILM COMMEDIA ◆◆ 120
HO SPOSATO 40 MILIONI DI DONNE
1964 di Curtis Bernhardt
con F. McMurray, P. Bergen
Disastrose avventure di marito e figli di u-
na presidentessa americana troppo presa
dagli affari di Stato per occuparsi di loro.
2.05 Doc Music Club ♫; 2.50 Diplomi universitari

CANALE 5
☎ 02/58418

6.00 ● PRIMA PAGINA
9.00 ● I VANGELI DI NATALE rubrica
Per il periodo natalizio, "Frontiere dello
spirito" propone la lettura di scritti curio-
si sulla nascita e sull'infanzia di Gesù: i
Vangeli Apocrifi, nati nella cristianità da
antiche memorie, ma anche dalla fantasia popolare. Inoltre viene proposta la
mostra privata di "Gesù Bambino" nel
museo del Duomo di Brescia.
9.30 FILM AVVENTURA ◆◆◆◆ 180
L'ORSO
1988 di Jean-Jacques Annaud con C. Karyo
Morta la madre, un timido ma curioso or-
sacchiotto si fa adottare da un burbero
grizzly. Presto conoscerà le insidie del
mondo che lo circonda...
11.30 FORUM ☎ 06/7003530
13.00 ● TG5
13.25 POMERIGGIO IN FESTA spett.
16.15 FILM FANTASTICO ◆◆ 180
STORYBOOK - IL LIBRO DELLE FAVOLE
1995 di L. Doumani con S. Fitzgerald
Un bambino apre un libro trovato in soffit-
ta e ritrova nel regno di Favolandia. Qui
deve impedire che Malvidia trovi la spada
magica nascosta dalla regina Biancofiore
poco prima di morire...
18.15 BUON NATALE MR. BEAN
19.00 TIRA E MOLLA gioco
20.00 ● TG5 diretto da Enrico Mentana
20.30 STRISCIA LA NOTIZIA
20.50 FILM FANTASTICO ◆◆◆ 180
FANTAGHIRÒ 5
con Alessandra Martines,
Luca Venantini, ultima parte
22.45 ● TG5
23.15 FILM FANTASTICO ◆◆◆ 180
MIRACOLO SULL'8ª STRADA
1987 di M. Robbin con Jessica Tandy
Uno speculatore edilizio sta sfrattando gli
inquilini di un fatiscente palazzo. Una notte arrivano dallo spazio dei piccoli visita-
tori, per lui sono guai...
0.30 ● TG5 (nell'intervallo)
1.45 STRISCIA LA NOTIZIA replica
2.00 FILM DRAMMATICO ◆◆◆◆ 120
LADRI DI BICICLETTE
1948 di V. De Sica con Enzo Staiola
A Roma, nel primo dopoguerra, un operaio
trova un posto come attacchino municipa-
le. Con molti sacrifici compra una biciclet-
ta che però gli viene rubata: il pover'uomo
ne ruba una a sua volta, ma ...
3.30 LA STRANA COPPIA telefilm
4.00 FILM FANTASTICO ◆◆◆ 120
LE AVVENTURE DI PINOCCHIO
1947 di G. Guardone con Sandro Tomei
Un burattino di legno si anima e si avventura nel mondo. Dopo molte traversie, diventa un bambino vero e giudizioso...
5.30 BOB telefilm

ITALIA 1
☎ 02/58418

6.10 LA PICCOLA GRANDE NELL tel.
6.40 CIAO CIAO dis. animati
9.15 HIGHLANDER telefilm
10.15 PLANET replica
10.20 FILM FANTASTICO ◆◆ 180
WILLY WONKA E LA FABBRICA DI CIOCCOLATO
1972 di Mel Stuart con Gene Wilder
I vincitori di un concorso visitano la fabbrica di cioccolato di Willy Wonka, dove
lavorano dei simpatici gnomi. Uno di loro
diventerà l'erede di Wonka...
12.25 ● STUDIO APERTO
12.45 FATTI E MISFATTI attualità

13.00 CIAO CIAO Fax ☎ 02/25147963
Tazmania dis. an.; Ciao Ciao Parade show;
Lupin dis. an.; Batman dis. animati;
14.25 Niente panico gioco

14.30 COLPO DI FULMINE spettacolo
15.00 MR. COOPER telefilm
15.30 WISHBONE - IL CANE DEI SOGNI tel.
16.00 SCORCH telefilm
16.30 FILM COMMEDIA ◆◆ 180
CARO BABBO NATALE
1991 di R. Lieberman con Leslie Nielsen
Ethan e Hallie, figli di genitori separati,
scrivono a Babbo Natale chiedendo di
aiutarli a riunire la famiglia.

18.30 ● STUDIO APERTO
19.00 STAR TREK telefilm
20.00 HAPPY DAYS telefilm
20.30 FILM COMMEDIA ◆◆◆ 180
UNA POLTRONA PER DUE
1983 di John Landis
con D. Aykroyd, E. Murphy
22.30 FILM COMMEDIA ◆◆ 180
SPIE COME NOI
1985 di John Landis con Dan Aykroyd
Un agente segreto americano e un tecni-
co dei laboratori del Pentagono, conside-
rati due buoni a nulla, sono incaricati di
una missione di spionaggio suicida. Com-
binando guai a non finire si fanno beffe
del Kgb.
0.45 FILM AVVENTURA ◆◆ 180
LA FANTASTICA AVVENTURA
DELL'ORSO GOLDY
1994 di John Quinn con Cheech Marin
Un famoso illusionista, in cerca di un orso dal manto dorato per compiere la sua
più grande magia, userà le più bieche ar-
ti magiche per rapire Goldy...
2.45 FILM AVVENTURA ◆◆ 120
LA SPADA DEGLI ORLÉANS
1959 di A. Hunebelle con Jean Marais
Un prode cavaliere cerca di sventare i piani del perfido principe di Gonzaga ai dan-
ni di una principessa francese...
4.30 Highlander tel.; 5.30 Mr. Cooper telefilm;
6.00 I Ropers telefilm

nota: TG: telegiornale, TGS: telegiornale sera

8. Descrivete la foto a destra.
9. Cosa bisogna cambiare nella televisione? Che cosa non vi piace?
10. Secondo voi, guardare la tv ha effetti positivi o negativi?
Scambiatevi idee e motivatele.

Situazione: È sabato pomeriggio e chiami un amico per organizzare qualcosa per la sera. Lui, però, non ha voglia di uscire perché ci sono delle trasmissioni che non vuole perdere. A te questo sembra assurdo, perché ci sono cose molto più divertenti di una serata passata davanti alla tv. Alla fine trovate una via di mezzo.

13. Abbigliamento e moda

lessico utile (glossario a p. 77)

abito	cravatta	maglione	portare	passerella
completo	gilet	mini gonna	indossare	lo stilista
giacca	i jeans	zaino / borsa	elegante	sfilata
camicetta	scarpe	tessuto / stoffa	classico	modella
pantaloni	giubbotto	vestito	maglietta	capo firmato

"porta una giacca da uomo / da donna"
una cintura di pelle
di stile classico / moderno / sportivo / casual
di cotone / di seta / di lana

"ti sta molto bene"
"come ti vesti di solito?"
"è di moda / alla moda"
"che taglia porta? / qual è la Sua taglia?"

colori
blu **rosso** verde grigio bianco **nero** **rosa** **azzurro** giallo

1. Descrivete le prime due foto in alto.
2. Ora descrivete la terza foto in alto a destra. Cosa potete capire su queste quattro persone?
3. Quale di questi due stili vi piace di più? Scambiatevi idee.
4. In quali occasioni il vostro abbigliamento è classico e in quali casual?
5. **Attività:** In coppia parlate delle vostre preferenze per quanto riguarda l'abbigliamento: stile personale, combinazioni, colori preferiti, ecc.. Poi riferite al resto della classe le preferenze del vostro compagno ("a lei piacciono..." ecc.).

6. Osservate la foto in alto a sinistra. Cosa pensate dell'abbigliamento di queste ragazze?

7. Voi in genere seguite la moda? Avete mai comprato qualcosa solo perché era di moda? Scambiatevi idee.

8. Descrivete la foto in alto a destra.

9. Cosa pensate del mondo dell'alta moda? Perché, secondo voi, molte ragazzine sognano di fare le modelle?

10. Cosa sapete della moda italiana (stilisti, stile, diffusione nel mondo, ecc.)? Scambiatevi informazioni.

11. Avete capi (o accessori, profumi ecc.) firmati da uno stilista italiano? In genere, preferite comprare capi anonimi o firmati? Motivate le vostre risposte.

12. Descrivete in breve la foto a destra. È importante l'abbigliamento per voi? Ha la stessa importanza per uomini e donne?

Situazione: Nella vetrina di un negozio di abbigliamento vedi un maglione che ti piace molto; ma, quando entri e parli con la commessa, ti rendi conto che ci sono due problemi: il prezzo è abbastanza alto e non c'è nemmeno la tua taglia.

14. A tavola

lessico utile (glossario a p. 77)

pranzo	specialità	il sapore	il ristorante	cornetto
spaghetti	la carne	antipasto	trattoria	nutritivo
pasta	il pesce	contorno	pizzeria	vitamina
formaggio	verdura	cucinare	panino	dimagrire
il pane	insalata	pentola	aranciata	ingrassare

"il mio piatto preferito è…"   *"ha molte calorie"*
fare la dieta / stare a dieta   *mantenere la linea*
un piatto squisito   *mangiare sano*
fare colazione / merenda   *una ricetta tradizionale*

1. Descrivete la foto in alto.

2. Quali sono i vostri piatti preferiti? Scambiatevi idee.

3. Potete descrivere in breve qualche piatto tipico del vostro Paese o della vostra regione?

4. Descrivete la foto in alto a sinistra nella pagina seguente.

5. Voi mangiate spesso nei fast food o no e perché? Cosa pensate di questo modo di mangiare?

6. In genere, vi piace mangiare fuori casa? Dove e quando?

7. Osservate la foto in alto a destra. Per molti la prima colazione è il pasto più importante del giorno. Voi cosa ne pensate? Che cosa mangiate la mattina?

8. Oltre al sapore, per voi hanno importanza le qualità nutritive? Insomma, cercate di mangiare sano, oppure no?

9. Descrivete la foto a destra. Secondo voi, questa è un'immagine che si vede spesso?

10. Chi di voi sa cucinare? Sapete preparare qualche specialità? Parlatene.

11. Cosa pensate delle diete? Potete descriverne una? Qual è il modo migliore per mantenere la linea, secondo voi?

12. Vi piace mangiare all'italiana? Avete qualche preferenza? È apprezzata la cucina italiana nel vostro Paese? Parlatene.

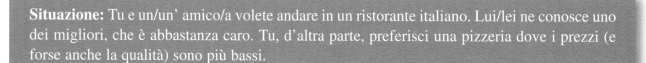

Situazione: Tu e un/un' amico/a volete andare in un ristorante italiano. Lui/lei ne conosce uno dei migliori, che è abbastanza caro. Tu, d'altra parte, preferisci una pizzeria dove i prezzi (e forse anche la qualità) sono più bassi.

15. Animali domestici e non

lessico utile (glossario a p. 77)

cane	pelo	affettuoso	padrone	cavallo
razza	marrone	intelligente	pesciolino rosso	veterinario
nel parco	nero	indipendente	acquario	vaccinazione
cucciolo	grigio	guinzaglio	gabbia	maltrattare
gatto	fedele	accarezzare	uccello	zoofilo

un negozio di animali
dare da mangiare al gatto
avere cura del canarino

un cane randagio / bastardino
portare il cane fuori
portarlo dal veterinario

1. Descrivete la foto in alto.
2. Quanti di voi hanno un animale in casa? Lo potete descrivere? (razza, colore, dimensioni ecc.)
3. Vi piacciono di più i cani o i gatti? Motivate le vostre risposte.
4. Esistono tra di voi persone che non amano gli animali, che non li possono avere in casa o che ne hanno paura? Perché?
5. Per quale motivo sentiamo il bisogno di un animale, secondo voi? Cosa ci possono offrire? Scambiatevi idee.

6. Descrivete le due foto in alto.

7. Per alcuni genitori è molto positivo avere un animale in casa, per altri è negativo o pericoloso per i loro bambini; voi cosa ne pensate?

8. Quali difficoltà e problemi affronta chi possiede un animale domestico? Quali sono le sue responsabilità? Scambiatevi idee.

9. Vi dà fastidio vedere degli animali per strada o no e perché? Di chi è la colpa, secondo voi?

10. Osservate la foto a destra. Quali altri animali vi piacciono? Parlatene.

11. È giusto tenere gli animali chiusi negli zoo? Motivate le vostre risposte.

12. I vostri connazionali sono abbastanza zoofili, secondo voi? Scambiatevi idee.

Situazione: Annunci ad un amico che stai per realizzare un tuo sogno: comprare finalmente un cane lupo. Lui, però, ti parla dei problemi che affronterai, dato che abiti in un appartamento. Inoltre ti spiega che è faticoso avere cura di un animale.

16. Cinema e teatro

lessico utile (glossario a p. 77)

		il genere:	effetti speciali
spettacolo	girare		
spettatore	operatore	d'avventura	autore
attore / attrice	cinecamera	commedia	platea
protagonista	scenario	giallo	il pubblico
regista	scena	di fantascienza	palcoscenico

"che film danno al cinema Manzoni?"   in prima / in seconda visione
"è una bravissima attrice"   un film a colori / in bianco e nero
"ha vinto il premio Oscar per la regia"   un divo / una stella del grande schermo
"andremo allo spettacolo delle 21.30"   recitare in un film / interpretare un ruolo

1. Descrivete le foto in alto, scambiandovi informazioni.

2. Vi piace andare al cinema? È qualcosa che fate spesso o no e perché?

3. **Attività:** In coppia parlate delle vostre preferenze cinematografiche: che genere di film vi piace e quali sono i vostri attori preferiti? Alla fine riferite le informazioni ricevute dal vostro compagno.

4. Raccontate in breve la trama del vostro film preferito (o di uno che avete visto ultimamente). Perché vi è piaciuto tanto?

5. Come decidete quale film andare a vedere? Per voi è importante soprattutto lo scenario, gli attori o altro?

6. Che differenza c'è tra il vedere un film alla tv e al cinema? Voi cosa preferite? Scambiatevi idee.

7. Descrivete la foto in alto a sinistra. Cosa pensate dei premi cinematografici? Che importanza hanno?

8. Molti giudicano il cinema moderno, e soprattutto quello americano, molto commerciale, spesso con troppi effetti speciali e tante scene di violenza. Cosa ne pensate?

9. Cosa sapete del cinema italiano (attori, registi, ecc.)? Scambiatevi informazioni. Ricordate qualche bel film italiano, magari degli ultimi anni? Parlatene.

10. Descrivete la foto in alto a destra.

11. Andate spesso a teatro o no e perché? Scambiatevi idee. Parlate di qualche spettacolo che vi è piaciuto.

12. Quali sono le differenze tra il cinema e il teatro? Secondo voi, rappresentano solo una forma di divertimento o qualcosa di più?

Situazione: Su suggerimento di un amico sei andato a vedere un film, che a te però non è piaciuto per niente! Siccome non puoi proprio capire perché il tuo amico insisteva tanto, il giorno dopo lo chiami per parlare di questo film che, secondo te, era proprio brutto!

17. Mercati e supermercati

lessico utile (glossario a p. 78)

spesa	banco	prodotti	dal fruttivendolo	il reparto
carrello	la carne	qualità	sacchetto	dei salumi
comprare	frutta	fresco	pubblicità	dei detersivi
cliente	verdura	surgelato	cassa	dei cosmetici
impiegato	pomodori	confezionato	scaffali	degli ortaggi

"tre etti di prosciutto crudo, per favore"   un negozio di alimentari
in offerta speciale   un mercato all'aperto
"quanti pomodori vuole?"   chilo / etto (100 grammi)
fare la spesa   barattolo / scatola / pacchetto / bottiglia

1. Osservate attentamente la foto in alto e descrivetela.

2. Chi fa di solito la spesa nella vostra famiglia? C'è qualche supermercato in particolare che preferisce? Per quale motivo?

3. A voi piace fare la spesa al supermercato o no e perché?

4. Quando andate al supermercato, in quale reparto passate più tempo?

5. Di solito confrontate i prezzi dei vari prodotti o comprate subito quello che considerate migliore?

6. Descrivete le due foto in alto nella pagina seguente. Ci sono mercati all'aperto e negozi di alimentari vicino a casa vostra? Dove si trovano?

7. **Attività:** In coppia parlate delle differenze tra i supermercati, i mercati all'aperto e i piccoli negozi di alimentari e fate una breve lista. Poi riferite al resto della classe i pro e i contro di questi tre tipi di negozi.

8. Preferite comprare prodotti del vostro Paese o quelli che provengono dall'estero? Scambiatevi idee.

9. Secondo voi, che differenze ci sono tra i prodotti freschi e quelli confezionati? Di solito quali comprate a casa vostra?

10. Descrivete la foto a destra.

11. Di solito preferite i prodotti che vedete più spesso in tv e nelle riviste? Motivate le vostre risposte. Credete alla pubblicità?

12. Conoscete prodotti italiani che si comprano molto nel vostro Paese? Scambiatevi informazioni.

PROSCIUTTO 3 ETTI
PARMIGIANO ½ CHILO
OLIO OLIVA
DETERSIVO PIATTI
DETERSIVO COLORATI
POMODORI
LATTE
CAFFÈ

-SE NON CAPISCI QUALCOSA,
  CHIAMAMI
-NON FARE TARDI

Situazione: Tua madre è molto stanca e ti chiede di andare al supermercato a fare la spesa. Ma la sua lista (a sinistra) è incompleta e non riesci a capire quali prodotti vuole esattamente o la quantità necessaria. La chiami, quindi, dal tuo cellulare per chiedere più informazioni.

18. Stampa e libri

lessico utile (glossario a p. 78)

il giornale	in edicola	giornalista	giallo	copertina
quotidiano	settimanale	lettore	romanzo	titolo
rivista	mensile	lettura	trama	enciclopedia
periodico	sfogliare	scrittore	in libreria	recensione
la stampa	fumetto	letteratura	in biblioteca	pubblicazione

una rivista scandalistica   rivista di attualità / femminile / musicale

prendere / dare un libro in prestito   consultare un'enciclopedia

genere / contenuto / trama di un libro   "un libro amplia la mente"

1. Descrivete la foto in alto.

2. Voi quali riviste leggete? Quanto costano e quando escono? Scambiatevi informazioni.

3. Spiegate in breve di cosa trattano le vostre riviste preferite.

4. Nel vostro Paese sono molto diffuse le riviste scandalistiche? Voi cosa ne pensate?

5. Leggete il giornale o no e perché? Quali pagine o rubriche di un giornale preferite leggere di solito?

6. In genere, per l'informazione, preferite un giornale o un telegiornale? Quali sono le differenze tra i due?

7. Descrivete la foto in alto a sinistra. È un'immagine che si vede spesso?

8. Vi piace leggere? Che tipo di libri preferite di solito? Scambiatevi idee.

9. Qual è il vostro libro preferito e perché? Potete farne un brevissimo riassunto?

10. Secondo voi, i giovani di oggi leggono abbastanza o no e perché?

11. Descrivete la foto in alto a destra. Andate spesso in libreria o in biblioteca? Come scegliete di solito un libro da comprare per voi o da regalare?

12. Molti sostengono che i nuovi mezzi, come Internet, il cd-rom o l'e-book (il libro elettronico), prima o poi sostituiranno i libri su carta e forse anche le riviste. Cosa ne pensate? Scambiatevi idee.

Situazione: È il compleanno di un tuo cugino che compie dieci anni. Tu e tua sorella cercate di decidere sul regalo migliore: secondo te, un videogame sicuramente piacerà molto al piccolo. Tua sorella, invece, preferisce un libro adatto alla sua età…

19. Questi ragazzi

lessico utile (glossario a p. 78)

giovane	la gioventù	videogiochi	severo	ubbidiente
zaino	maggiorenne	spensierato	maturo	ribelle
maglietta	minorenne	opportunità	responsabile	comunicazione
sportivo	adolescente	comodità	responsabilità	paghetta
cappellino	adulto	libertà	rapporto	pressione

ha quindici anni / è un quindicenne   "le ragazze sono più... / meno... dei ragazzi"
fare pattino / skate-board   andare via di casa / andare a vivere da solo
un ragazzo maleducato   trovare un lavoro

1. Descrivete le due foto in alto.
2. Che età hanno questi ragazzi e come sono vestiti?
3. Di dove sono, secondo voi? Motivate le vostre risposte.
4. I ragazzi del vostro Paese sono molto diversi da quelli delle foto? Quali sono i loro interessi e le loro particolarità, se ce ne sono?
5. Descrivete in breve le due foto in alto nella pagina seguente.
6. Oggi i giovani hanno una vita spensierata? Hanno abbastanza tempo libero o no e perché?
7. Secondo alcuni, oggi i ragazzi sono troppo liberi. Voi cosa ne pensate? Esistono differenze tra ragazzi e ragazze per quanto riguarda la libertà?

8. Chi sono gli eroi, gli idoli dei ragazzi di oggi? E i vostri?

9. Quali sono, a vostro parere, i vantaggi o gli svantaggi che hanno oggi i giovani per quanto riguarda studi, opportunità, comodità, ecc.?

10. Vedere ragazzi sui quattordici o i quindici anni con il telefonino in mano forse non fa più impressione; si tratta di un'esagerazione, secondo voi? Generalmente i giovani spendono molti soldi? In che cosa di solito?

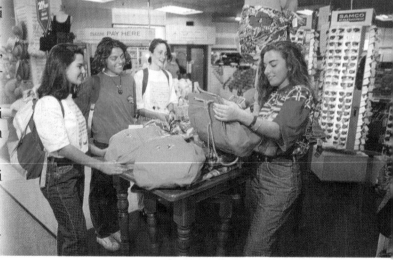

11. Come sono in genere i rapporti tra genitori e figli? Voi riuscite sempre a comunicare con i vostri?

12. Spesso i giovani sembrano troppo sicuri di sé, mentre alcuni possono essere anche un po' aggressivi; perché, secondo voi? Quali sono i loro problemi, le loro paure? Scambiatevi idee.

Situazione: Si tratta dell'ennesimo dialogo tra te e tuo padre (o tua madre): secondo lui/lei, oggi la nuova generazione è molto fortunata, ha tutto quello che desidera e non lo apprezza abbastanza. Tu, ovviamente, non sei d'accordo, perché secondo te i giovani di oggi hanno problemi diversi da risolvere.

20. Amicizia e amore

lessico utile (glossario a p. 78)

compagnia	invidia	relazione	baciare	geloso
chiacchierare	bugia	amare	bacio	appuntamento
ridere	bugiardo	innamorato	rispettare	litigare
sincerità	coppia	sentimento	fidanzato	follia
fiducia	rapporto	abbracciare	gelosia	fedele / infedele

"sono innamorato cotto di..."
"sto / esco con..."
"mi tratta bene"
"ci siamo lasciati / abbiamo rotto"

amico del cuore / intimo
fare la corte / il filo a qualcuno
un mazzo di fiori
"per San Valentino mi ha regalato..."

1. Descrivete la foto in alto.

2. Avete molti amici veri? Parlate del vostro amico o della vostra amica del cuore: perché lo/la considerate tale?

3. Si dice "chi trova un amico, trova un tesoro"; per voi è così importante l'amicizia? Perché?

4. L'amicizia tra donne è diversa da quella tra uomini? Motivate le vostre risposte.

5. Secondo voi, ci può essere vera amicizia tra una donna e un uomo? Scambiatevi idee, raccontando qualche vostra esperienza.

6. Descrivete la prima foto in alto a sinistra nella pagina seguente.

7. Siete innamorati in questo periodo? Parlatene: com'è la vostra dolce metà (fisicamente, ma anche come carattere), da quanto tempo state insieme, ecc..

8. In ogni relazione ci sono momenti belli e brutti; raccontate qualche vostra esperienza particolare, piacevole o meno.

9. Secondo molti, non c'è amore senza gelosia; nei vostri rapporti c'è gelosia? Parlatene.

10. Descrivete la foto in alto a destra. Gli uomini e le donne di oggi sono abbastanza romantici? E voi?

11. Per amore si fanno spesso cose poco razionali; voi avete mai fatto qualche follia, qualcosa di straordinario? Parlatene.

12. Osservate la foto a destra. Avete mai provato a telefonare a una di queste linee o no e perché?

Situazione: Da un po' di tempo stai con un/una ragazzo/a e dedichi quasi tutto il tuo tempo a lui/lei. Un tuo amico comincia a lamentarsi: ti dice che l'amore è una bella cosa, ma che gli amici non ci sono solo per i momenti difficili. Tu, però…

21. Bellezza, che fatica!

lessico utile (glossario a p. 78)

specchietto	il parrucchiere	pettinatura	in palestra	dimagrire
controllare	capelli	tinta	aerobica	alimentazione
trucco	bigodini	crema	pesi	caloria
rossetto	acconciatura	lozione	allenamento	rasoio
cosmetici	la permanente	estetista	dieta	il dopobarba

curare il proprio fisico / aspetto

tingere / cambiare il colore dei capelli

mantenersi in forma / mantenere la linea

fare la dieta / stare a dieta

"mi trucco / mi pettino / mi preparo"

farsi la barba / schiuma da barba

istituto di bellezza

"devo perdere tre chili..."

1. Descrivete la prima foto in alto a sinistra.

2. Per voi è importante essere sempre belli? Vi guardate spesso nello specchio nel corso della giornata? Scambiatevi idee.

3. Quanto tempo ci mettete per "farvi belli", prima di uscire?

4. Quanti soldi spendete in cosmetici e che prodotti comprate di solito?

5. Descrivete le foto in alto a destra.

6. Andate spesso dal parrucchiere? Si tratta sempre di una spesa indispensabile? Motivate le vostre risposte.

7. Descrivete le due foto in alto. Cercate di immaginare il dialogo fra il ragazzo e la ragazza.

8. Chi di voi va o pensa di andare in palestra e per quale motivo?

9. Di solito la gente fa sport per migliorare la sua salute o la sua immagine?

10. Perché, secondo voi, molte persone si preoccupano così tanto della loro linea? Siamo influenzati in qualche modo anche dai mass media? Scambiatevi idee.

11. Osservate la foto a destra e parlatene: che cosa fanno gli uomini per curare il proprio fisico, oltre a farsi la barba?

12. Negli ultimi anni gli uomini curano sempre di più il loro aspetto; è positivo o negativo questo, a vostro parere? Motivate le vostre risposte.

Situazione: La tua ragazza sta molto attenta al suo aspetto, forse troppo: ogni tanto controlla il trucco e la pettinatura, sta attenta a non ingrassare, ci mette molto tempo per prepararsi e vuole essere sempre perfetta; tutto per te, come sostiene. Cerchi di spiegare che per te la bellezza non è la cosa più importante e che, in ogni caso, deve stare più tranquilla perché non ha bisogno di tante cure.

22. Città o campagna?

lessico utile (glossario a p. 79 – ved. anche p. 14)

abitazione	cemento	parcheggio	cittadina	alberi
palazzo	appartamento	rumore	villetta	il cortile
costruzione	traffico	rumoroso	tranquillità	giardino
edificio	lo smog	riscaldamento	tetto	paese / villaggio
il quartiere	inquinamento	vicinato	comodità	in provincia

abitare in centro / in periferia
una casa popolare a otto piani
"quanto paghi d'affitto?"
i vicini di casa
la capitale di un Paese / il mio paese di origine

un quartiere residenziale
un appartamento di 100 metri quadrati
le spese di condominio
annunci pubblicitari / agenzia immobiliare
stare all'aria aperta

1. Descrivete le due foto. Cosa pensate di queste costruzioni?

2. Vi piace la vostra abitazione e la zona in cui abitate? Parlatene.

3. Secondo voi, è meglio vivere al centro o alla periferia di una grande città? Motivate le vostre risposte.

4. Com'è la vita in un appartamento di un grande palazzo? Quali sono i vantaggi e gli svantaggi per chi ci vive? Scambiatevi idee.

5. Descrivete la foto in alto a sinistra nella pagina seguente.

6. Cosa bisogna fare per trovare una casa oggi? Quali sono i quartieri migliori e anche più cari della vostra città?

7. **Attività:** Come sognate la vostra casa? In coppia parlatene, facendo una lista delle caratteristiche della vostra casa ideale. Alla fine riferite le informazioni ricevute dal vostro compagno. Vediamo se i vostri sogni sono simili o diversi!

8. Descrivete le due foto a destra.

9. Come immaginate la vita della gente che vive in campagna? Che vantaggi hanno rispetto a chi vive in città?

10. Chi di voi pensa di andare a vivere in campagna in futuro? Quali difficoltà bisognerà superare, secondo voi?

11. Com'è cambiata negli ultimi anni la vostra città (in meglio o in peggio)? Quanto sono migliorate invece le condizioni di vita in campagna?

12. Molti italiani che vivono in città tornano spesso al loro paese di origine per vedere parenti e vecchi a-mici; voi tornate al vostro paese e in quali occasio-ni? Parlatene: com'è, dove si trova, ecc..

Situazione: I tuoi genitori hanno trovato una bella casa a quaranta chilometri dalla città in cui vivete e pensano di comprarla subito, così ci po-trete andare a vivere tutti. Tu non sei molto d'ac-cordo: riconosci alcuni punti positivi, ma per un giovane della tua età un tale cambiamento non sarà per niente facile.

23. Sport

lessico utile (glossario a p. 79)

calcio	tiro	squadra	atletica leggera	professionista
la pallacanestro	segnare	partita	corsa	dilettante
la pallavolo	goal / rete	campo	nuoto	teppismo
il giocatore	gara	avversario	equitazione	totocalcio
palla	sportivo	tifoso	allenamento	lo spettatore

giocare a calcio / al pallone   campione del mondo
un tiro da due / da tre punti   sport individuale / di squadra
"ha vinto per uno a zero"   "gioca in serie A"
un errore dell'arbitro   vincere il Campionato / lo scudetto
"ha vinto la medaglia d'oro / d'argento / di bronzo alle olimpiadi"

1. Descrivete le foto in alto.

2. Di questi tre sport, quale ritenete più interessante? Scambiatevi idee.

3. Preferite seguire lo sport o praticarlo? In quale sport siete più bravi?

4. Avete mai seguito qualche evento sportivo dal vivo, allo stadio? Raccontate in breve questa esperienza.

5. Per quale squadra fate il tifo? Ci sono giocatori (nel vostro Paese e forse anche in Italia) che vi
   piacciono particolarmente? Parlatene.

6. Descrivete le quattro foto in alto nella pagina seguente. Cosa pensate di questi sport?

7. Quali sono gli sport più seguiti nel vostro Paese e quali hanno riportato i maggiori successi a livello internazionale? Parlatene.

8. Come immaginate la vita degli atleti professionisti e dei campioni? Quali sono i vantaggi o gli svantaggi che hanno?

9. Secondo voi, sono giustificati gli stipendi e i premi alti che ricevono molti atleti? Scambiatevi idee.

10. Descrivete la foto in basso a sinistra. A vostro parere, ci sono sport "da uomo" e "da donna", oppure sport che gli uomini amano e che le donne odiano e viceversa? Parlatene.

11. Nella vostra città ci sono abbastanza strutture sportive (campi, sale, palestre ecc.) per chi vuole fare sport? Com'è la situazione nelle scuole?

12. La violenza negli stadi è un problema grave nel vostro Paese? Quali sport riguarda e a quali soluzioni potete pensare?

Situazione: È domenica sera e sei a casa con il/la tuo/a compagno/a. Alla televisione ci sono due trasmissioni che tutti e due aspettate da tempo: un'importante gara sportiva e un film in prima visione. Avendo solo un televisore, non è molto facile trovare una soluzione…

24. In giro per i negozi

lessico utile (glossario a p. 79)

acquisto	cliente	di abbigliamento	in offerta	spendere
pacchi	saldi	di calzature	bancarella	sprecare
borsa	sconto	gioielleria	portafogli	mercato
shopping	costoso / caro	profumeria	denaro	regalare
commesso	economico	libreria	provare	cassa

guardare le vetrine   "mi potrebbe fare uno sconto?"
a buon mercato / un'occasione   "La posso aiutare, signora/e?"
pagare in contanti / a rate   "accettate carte di credito?"
i grandi magazzini / centro commerciale "c'è un 20 per cento (%) di sconto"

1. Descrivete la prima foto in alto a sinistra.
2. In genere, vi piace fare spese? Scambiatevi idee. In che tipo di negozi andate più spesso?
3. Di solito andate da soli a fare acquisti o no e perché? In quale zona della città andate? Scambiatevi idee.
4. Comprate qualcosa ogni volta che andate in giro per i negozi o preferite non fare acquisti in fretta?
5. C'è qualche negozio in particolare che preferite e perché? Vi influenza il comportamento dei commessi?

6. Descrivete la seconda foto in alto a destra nella pagina precedente.

7. Quando è il periodo dei saldi nel vostro Paese? Voi di solito sfruttate quest'occasione?

8. Descrivete le due foto in alto.

9. Ci sono grandi magazzini e centri commerciali nella vostra città? Dove si trovano? Voi ci andate o no?

10. In Italia, ogni domenica, mercatini come quello della foto in alto sono affollatissimi. Nel vostro Paese ce ne sono? Parlatene. Potete pensare ai vantaggi o svantaggi di questi mercati?

11. Preferite pagare in contanti o con carte di credito? Quale tipo di pagamento conviene di più? Scambiatevi idee.

12. Voi di solito spendete molto? Questo può dipendere anche dal vostro umore? Motivate le vostre risposte.

Situazione: Entri in un negozio di calzature per comprare un paio di scarpe come regalo per un amico; ma quelle che ti piacciono sono abbastanza care, quindi chiedi un prezzo migliore, visto che il periodo dei saldi è quasi cominciato. La commessa ti risponde che purtroppo i saldi cominceranno fra una settimana e che al massimo...

25. Spostarsi in città

lessico utile (glossario a p. 79 - ved. anche p. 19)

macchina	circolazione	il pedone	multa	casco
la moto	taxi / tassì	autobus	la violazione	cartello stradale
bicicletta	(auto)strada	semaforo	il codice	inquinamento
traffico	auto privata	vigile urbano	stradale	lo smog
parcheggio	il marciapiede	divisa	sicurezza	la patente

allacciare la cintura di sicurezza

un incidente automobilistico

"stai attento, c'è il divieto di sosta"

"ho preso (il vigile mi ha dato) una multa"

"è passato con il semaforo rosso"

scuola guida / lezioni di guida

i mezzi di trasporto pubblico / urbano

"ci metto circa un'ora per..."

eccesso di velocità

"fare il pieno di benzina"

1. Descrivete le due foto in alto.

2. In quali zone della vostra città e a che ora di solito ci sono problemi di traffico? È molto difficile trovare un parcheggio?

3. Quali sono i mezzi privati che circolano in città? Potete dire quali sono i pro e i contro di ognuno?

4. Avete (voi o i vostri genitori) una macchina o un motorino? Descrivetelo: marca, modello ecc..

5. Nel vostro Paese conviene prendere spesso il taxi o no e perché? Voi in quali occasioni lo usate?

6. Descrivete la foto in alto a sinistra nella pagina seguente.

7. Quali sono le più frequenti violazioni del codice stradale e che conseguenze hanno?

8. Secondo voi, sono migliori come guidatori gli uomini o le donne? Scambiatevi idee.

9. Generalmente, chi prende la patente, sa già guidare? Motivate le vostre risposte. È facile prendere la patente nel vostro Paese?

10. Osservate la foto in alto a destra. Spesso molti ragazzi sui quindici e i sedici anni possiedono un motorino; è giusto, secondo voi? Nel vostro Paese i motociclisti di solito portano il casco?

11. Perché tante persone preferiscono usare i propri mezzi invece di quelli pubblici per spostarsi in città? Quali sono le conseguenze di questa scelta?

12. È vero che l'uso eccessivo dell'auto privata in città crea dei problemi. Ci sono modi per risolvere o almeno diminuire questi problemi? Scambiatevi idee.

IO POTREI ANCHE ANDARE IN UFFICIO CON L'AUTOBUS, NON È QUESTO IL PROBLEMA...

E ALLORA QUAL È?

COME FAREBBE POI LA MACCHINA A VENIRE IN UFFICIO DA SOLA SENZA DI ME?

Situazione: Sei in centro e vuoi entrare in un negozio solo per pochi minuti; poiché hai molta fretta e non trovi un posto, parcheggi la tua macchina (o il tuo motorino) su un'isola pedonale dove c'è il divieto di sosta. Quando esci dal negozio vedi un vigile vicino alla tua macchina che sta per darti una multa. Corri e cerchi di convincerlo a non farlo, pensando a ogni scusa possibile…

26. Viaggiando

lessico utile (glossario a p. 80)

aeroporto	aereo	porto	stazione	destinazione
passeggero	decollo	valigia	ferroviaria	prenotare
carrello	atterraggio	attesa	binario	ritardo
bagagli	la hostess	la nave	biglietteria	partenza
fila	il pilota	traghetto	incidente	arrivo

un treno locale / diretto / rapido / intercity   una meta turistica
"un biglietto di andata e ritorno per Milano"   "il mio volo è in ritardo"
"domani c'è uno sciopero dei controllori di volo"   un'agenzia di viaggi
"quanto costa il biglietto aereo per...?"   "ho perso l'aereo"

1. Descrivete le foto.

2. Quanti di voi hanno viaggiato in aereo? Quando, dove e per quale motivo?

3. Come sono in genere gli aeroporti del vostro Paese? Ci sono spesso ritardi?

4. Descrivete la foto in alto a sinistra nella pagina seguente. Cos'è successo, secondo voi?

5. Avete mai viaggiato in nave? Che vantaggi o svantaggi presenta rispetto all'aereo? Scambiatevi idee.

6. Osservate la foto in alto a destra nella pagina seguente. Quale mezzo di trasporto considerate più sicuro per viaggiare e perché?

7. Vi piace viaggiare in treno? Quali sono i pro e i contro, secondo voi? Scambiatevi idee.

8. Quali sono le mete turistiche preferite dai vostri connazionali, sia all'interno del vostro Paese che all'estero?

9. Quali città o Paesi avete visitato? Quali vi hanno fatto particolare impressione e perché?

10. Quale città italiana volete visitare? Scambiatevi preferenze e motivatele.

11. Durante un viaggio possono capitare cose inaspettate, strane, piacevoli o meno; raccontate qualche vostra esperienza insolita o particolare, oppure il vostro viaggio più bello.

12. C'è chi in viaggio si porta con sé mezza casa; voi di solito prendete molte cose? Quali sono gli oggetti senza i quali non potete proprio viaggiare? Parlatene.

Situazione: Entri in un'agenzia di viaggi per chiedere informazioni sulle navi per l'Italia. Dopo alcune domande (date, prezzi) l'impiegato cerca di spiegarti che ti conviene di più l'aereo perché il viaggio in nave è molto faticoso. Sei d'accordo, ma il biglietto aereo non ti sembra tanto conveniente...

27. Una vita sui banchi

lessico utile (glossario a p. 80 – ved. anche p. 17)

alunno	zainetto	corso	studente/essa	facoltà
lavagna	insegnare	certificato	docente	Giurisprudenza
istruzione	imparare	pronuncia	universitario	Medicina
compito	quaderno	tradurre	obbligatorio	Architettura
gita	vacanza studio	laurea	facoltativo	Lettere

la scuola dell'obbligo
so / conosco / parlo l'inglese
scuola di lingue
"sono al terzo anno di Medicina"

dare / sostenere / superare un esame
"il professore di storia mi ha bocciato"
la prova orale / scritta
"si è laureato in Ingegneria"

1. Descrivete e commentate in breve le due immagini di sopra.
2. Secondo voi, gli anni scolastici sono i più belli della nostra vita, oppure sono troppo difficili e faticosi? Scambiatevi idee.
3. Che rapporti avete (o avevate) con i vostri professori? Parlatene.
4. Ci sono differenze tra la scuola statale e quella privata? Se sì, quali sono?
5. Qual è l'importanza dell'istruzione per una persona? Motivate le vostre risposte.
6. Descrivete la prima foto in alto a sinistra nella pagina seguente.

7. Per quali motivi studiate l'italiano? Scambiatevi idee. È molto diffuso nel vostro Paese?

8. Quali altre lingue avete studiato e per quanto tempo? Sono più o meno difficili rispetto all'italiano?

9. Quanto è importante conoscere una o più lingue straniere oggi? Motivate le vostre risposte.

10. Osservate la pubblicità in alto a destra; cosa sapete e cosa pensate delle vacanze studio? Secondo voi, aiutano o no?

11. Descrivete la foto in basso a destra.

12. Chi di voi studia all'università o pensa di farlo in futuro? Quali sono le facoltà che vi interessano e perché?

13. È difficile essere ammesso all'università nel vostro Paese? È difficile laurearsi?

14. Che differenze ci sono tra la scuola e l'università? Quanto è diversa la vita degli studenti da quella degli scolari? Scambiatevi idee.

Situazione: Mentre stai studiando, suona il telefono: i tuoi amici hanno organizzato qualcosa per la sera e ti invitano ad uscire con loro. La proposta è molto interessante, purtroppo tu, come succede di solito ultimamente, sei costretto a rifiutare perché devi studiare…

28. La tecnologia e noi

lessico utile (glossario a p. 80)

telefonino	comunicazione	schermo	joystick	scienza
il cellulare	bolletta	tastiera	apparecchio	informatica
chiamare	prefisso	il mouse	programma	il portatile
batteria	dimensioni	la stampante	sviluppo	invenzione
abusare	chiacchierare	dischetto	tecnologico	applicazione

il carica batterie
segreteria telefonica
"non ti sento bene, puoi richiamare?"
la posta elettronica

"chiamami sul cellulare!"
"mi dai il tuo numero di telefono?"
navigare in / cercare su Internet
"mandami un'e-mail / un messaggio!"

1. Descrivete la foto in alto.

2. Sono molto diffusi i cellulari nel vostro Paese? Quanto costa una chiamata?

3. Voi avete il cellulare? Se sì, lo usate molto? Se no, perché?

4. Quando si fa abuso del telefono, secondo voi? Può essere anche una forma di divertimento?

5. Oggi è possibile vivere senza telefonino? Motivate le vostre risposte.

6. Descrivete la foto in alto a sinistra nella pagina seguente.

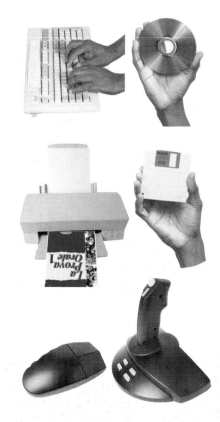

7. Quanti di voi hanno un computer e per quale motivo? Quanti lo sanno usare?

8. Osservate gli apparecchi in alto a destra e cercate di spiegare in breve a che cosa servono.

9. Secondo voi, è indispensabile saper usare il computer? Motivate le vostre risposte. Dove e come è possibile imparare ad usarlo?

10. **Attività:** In coppia parlate di Internet; cosa ne sapete? Fate una lista delle cose che si possono fare tramite Internet e poi confrontatela con quelle dei compagni. Perché è considerato una rivoluzione?

11. Videogiochi: cosa ne pensate? Scambiatevi idee. Voi ci giocate?

12. Osservate la foto a destra; negli ultimi anni la tecnologia ha invaso la nostra vita; a quali altre applicazioni che usiamo ogni giorno potete pensare? Scambiatevi idee.

Situazione: Hai appena comprato un nuovo e costoso computer portatile. Torni a casa pieno/a di entusiasmo, ma quando lo accendi... non funziona; c'è solo un messaggio incomprensibile. Telefoni subito al negozio e protesti. Il responsabile ti fa delle domande per capire cosa succede. Alla fine ti dice di portare il computer al negozio, cosa che a te non piace tanto...

29. Vacanze

lessico utile (glossario a p. 80 – ved. anche p. 15)

spiaggia   ombra   windsurf   sciare   trekking
affollato   costume da bagno materassino   la neve   campeggiare
sabbia   sedia a sdraio   abbronzarsi   bastoncino   escursione
ombrellone   occhiali da sole asciugamano   tuta   sacco a pelo
nuotare   riva / costa   pescare   bosco   zaino

"dove andrai in vacanza?"   fare il bagno / fare un tuffo
"l'anno scorso sono stato a…"   prendere il sole
prendere due settimane di ferie   noleggiare gli sci / un jet-ski
fare una gita / escursione in montagna   a contatto con la natura
"c'è molta / troppa gente"   una crema solare / abbronzante

in estate / ad agosto / al mare / in montagna / in vacanza / sulla spiaggia / sulla neve

1. Descrivete la foto in alto a sinistra.
2. Vi piace questa spiaggia? Motivate le vostre risposte.
3. Di solito dove passate l'estate e perché?

4. **Attività:** In coppia parlate delle vacanze estive dell'anno scorso (dove siete stati, con chi e per quanto tempo). Alla fine riportate alla classe le informazioni ricevute dal vostro compagno.

5. Di tutte le vostre vacanze, qual è stata quella più indimenticabile e perché? Raccontate.

6. Descrivete le tre foto a destra nella pagina precedente.

7. Come passate di solito il tempo sulla spiaggia? Ci sono cose che vi danno fastidio? Scambiatevi idee.

8. Descrivete le due foto in alto.

9. Chi di voi ha mai sciato o vorrebbe farlo in futuro? È pericoloso, secondo voi?

10. Nel vostro Paese il trekking e lo sci sono diffusi come succede in Italia? Sapete dove potete praticarli? Scambiatevi informazioni.

11. Vacanze al mare o in montagna? Che vantaggi e svantaggi ci sono? Scambiatevi idee.

12. Descrivete la foto a destra. Per voi vacanza significa divertimento o relax?

Situazione: Per strada incontri un amico che non vedevi da un po' di tempo. Poiché le vacanze sono vicine, discutete anche di questo: ognuno dice dove pensa di andare in vacanza, con chi e per quanto tempo.

30. Sposati con figli

lessico utile (glossario a p. 81)

matrimonio	il prete	suocero	rapporto	genitore
sposo	in chiesa	i coniugi	convivenza	nascita
sposini	cerimonia	religioso	libero / libertà	bambino
marito	testimone	civile	indipendenza	crescere
moglie	parente	divorzio	responsabilità	educazione

il banchetto di nozze
"si sono sposati per amore"
"hanno divorziato"
il celibe / la nubile / il/la "single"

figlio unico
educato / maleducato
ha avuto due bambini
abito da sposa

1. Descrivete le due foto in alto.

2. Secondo voi, questo è il momento più importante nella vita di una persona? Motivate le vostre risposte.

3. Per quali motivi si sposano due persone? Qual è l' età ideale per sposarsi?

4. Vi piace andare ai matrimoni o no e perché? Cosa pensate del matrimonio civile?

5. **Attività:** quali sono, secondo voi, gli aspetti positivi e negativi della vita coniugale? In coppia fatene una lista e poi confrontate le vostre conclusioni con quelle dei compagni.

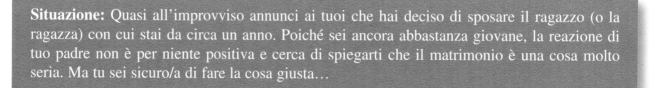

6. Secondo le statistiche, oggi la famiglia è in crisi; quali sono i motivi e le conseguenze di questo fenomeno? Scambiatevi idee.

7. Descrivete la foto in alto a sinistra.

8. Come cambia la vita di una coppia con la nascita di un bambino? Raccontate qualche esperienza che conoscete (di amici, parenti, ecc.).

9. È facile essere genitori oggi? Motivate le vostre risposte.

10. Descrivete le due foto a destra.

11. Sono migliori come genitori le donne o gli uomini? Motivate le vostre risposte.

12. Secondo voi, i genitori di oggi dedicano abbastanza tempo alla crescita e all'educazione dei loro figli o no e perché? Quanto è importante in questo la presenza dei nonni?

Situazione: Quasi all'improvviso annunci ai tuoi che hai deciso di sposare il ragazzo (o la ragazza) con cui stai da circa un anno. Poiché sei ancora abbastanza giovane, la reazione di tuo padre non è per niente positiva e cerca di spiegarti che il matrimonio è una cosa molto seria. Ma tu sei sicuro/a di fare la cosa giusta…

31. Che si fa stasera?

lessico utile (glossario a p. 81)

divertirsi	ridere	ambiente	bevanda	annoiarsi
discoteca	uscire	fumo	alcolico	rilassarsi
il locale	compagnia	alcol	ubriacarsi	corteggiare
notturno	accompagnare	bere	ordinare	musica da ballo
ballare	affollato	il drink	barista	restare in casa

"ci siamo divertiti un sacco / un mondo"
sedersi al tavolino / stare in piedi
essere di buon / di cattivo umore
"abbiamo fatto le ore piccole"
frequentare un locale

"abbiamo fatto quattro risate"
"stasera ho voglia di... / mi va di..."
organizzare qualcosa per la sera
andare a spasso
andare in giro con gli amici

1. Descrivete le persone delle due foto in alto.

2. Vi piace andare in discoteca e in locali di questo tipo? È qualcosa che fate spesso o no?

3. Ci sono cose che vi possono dare fastidio in un ambiente come quello delle foto in alto? Scambiatevi idee.

4. **Attività:** Divisi in coppie parlate di come vi divertite la sera: se uscite spesso, dove andate di solito e con chi. Alla fine riferite al resto della classe le preferenze del vostro compagno.

5. Il modo di divertirsi dipende sicuramente anche dall'età; come si divertono i vostri coetanei, rispetto alle generazioni più e meno giovani?

6. Raccontate la prima volta che siete usciti fino a tardi con gli amici, oppure una serata particolare.

7. Un tempo si ballava in due, oggi ognuno balla da solo o tutti insieme; vi piace questo modo di ballare? A quali altre nuove tendenze o mode potete pensare?

8. Descrivete le due foto di questa pagina.

9. A volte, quando si esce, si beve troppo. Voi bevete molto? È possibile divertirsi anche senza bere? Scambiatevi idee.

10. Molti, genitori o meno, credono che uscire di notte sia spesso pericoloso, soprattutto per i più giovani; siete d'accordo? Motivate le vostre risposte.

11. Andare in un locale notturno non è certo l'unico modo per passare bene una serata. Che altre alternative ci sono? Parlatene. In genere, da che cosa dipende se vi divertite o meno?

12. Esistono divertimenti e abitudini tipici del vostro Paese? Descriveteli.

Situazione: È sabato sera e hai già organizzato con i tuoi amici di andare in discoteca e, naturalmente, di fare le ore piccole. Resta solo …annunciarlo ai tuoi genitori, cosa che fai poco prima di uscire. I tuoi, non ancora abituati ad aspettarti fino a tardi, protestano e vogliono sapere in che tipo di locale andrai, con chi, chi guiderà, perché non puoi tornare più presto, ecc.. Alla fine…

32. Lavorare

lessico utile (glossario a p. 81 – ved. anche p. 18)

impresa	scrivania	stanco	disoccupazione	esperienza
in ufficio	schermo	stressato	disoccupato	stipendio
il/la collega	ambiente	fatica	annunci	assunzione
direttore / direttrice	privato / pubblico	svegliarsi	requisiti	licenziamento
impiegato	prospettiva	orario	titolo di studio	collaborare

lavorare presso un'impresa / ditta / azienda   "mi stanco molto"
"mi dà ai nervi" / "abbiamo buoni rapporti"   lavoro part time / a tempo pieno
"prendo... al mese"   fare un colloquio di lavoro
trovare un buon posto   inviare un curriculum vitae
presentare una domanda di lavoro   cercare negli annunci

1. Descrivete la foto in alto (impiegati e ambiente).

2. Che lavoro fanno queste persone? Alcune professioni si possono fare solo in ufficio; potete rife-rirne alcune?

3. Secondo voi, quella della foto è un'azienda pubblica o privata? Che differenze ci sono tra le due?

4. In base ad esperienze vostre o di amici e parenti, potete pensare a eventuali vantaggi e svantaggi del lavorare in un ufficio?

5. Descrivete e commentate la foto in alto a sinistra nella pagina seguente.

6. Quali sono le professioni più richieste oggi e quelle con le migliori prospettive? Scambiatevi idee.

7. Voi che lavoro avete scelto di fare e per quale motivo? Se lavorate, parlate del vostro lavoro. Ne siete soddisfatti o no e perché?

8. Descrivete la foto in alto a destra. Secondo voi, è un'immagine rara?

9. Cos'è più importante per voi: lo stipendio, l'orario, l'interesse del lavoro, l'ambiente o altro? Scambiatevi idee.

10. Descrivete la foto in basso a destra. C'è molta disoccupazione nel vostro Paese? Cosa deve fare chi vuole trovare lavoro e che requisiti bisogna avere?

11. Secondo voi, oggi è più facile trovare lavoro per un uomo o per una donna? Ci sono ancora professioni da uomo e da donna? Parlatene.

12. È difficile per una donna fare carriera? Motivate le vostre risposte.

Situazione: Un tuo amico lavora presso una ditta che ha bisogno di un nuovo impiegato. Ti propone quindi di fare una domanda di lavoro. A te sembra una buona occasione, anche se non ti piace lavorare in ufficio; discuti con il tuo amico particolari che riguardano l'orario, lo stipendio, le condizioni di lavoro, ecc..

33. Feste e costumi

lessico utile (glossario a p. 81)

Natale	festeggiare	divertirsi	Pasqua	in costume
pallina	Capodanno	regalare	Pasquetta	tradizionale
addobbare	Epifania	natalizio	la croce	festa nazionale
Babbo Natale	il cenone	la Befana	il Carnevale	guerra mondiale
barba	il panettone	rito	maschera	liberazione / vittoria

a Natale / a Capodanno / a Pasqua / a Carnevale
la Settimana Santa / Sabato Santo
"Auguri! / Buon Natale! / Buon Anno! / Buona Pasqua!"
Gesù Bambino / i Re Magi / presepio / stalla / stella cometa

"ci scambiamo regali"
andare in chiesa / alla messa
l'albero di Natale / l'abete
il tacchino farcito

1. Descrivete le due foto in alto.
2. Quali sono le principali feste religiose nel vostro Paese? Quale preferite e perché?
3. Come si festeggiano il Natale e il Capodanno da voi? Cosa si mangia, cosa si fa, quali sono i costumi e le particolarità?
4. Osservate la foto a sinistra. Potete raccontare in breve la storia della nascita di Cristo? Ognuno può aggiungere i particolari che ricorda.

5. Descrivete la foto in alto a sinistra. Perché l'atmosfera di Natale influenza di più i bambini? Esiste ancora lo "spirito di Natale", secondo voi? Scambiatevi idee.

6. Quando e come si festeggia la Pasqua nel vostro Paese? Scambiatevi informazioni su riti, piatti, ecc.. È diversa dalle altre feste?

7. Descrivete la foto in alto a destra.

8. Quando e come si festeggia il Carnevale nel vostro Paese? Da quello che sapete, è molto diverso quello di Venezia?

9. Osservate la foto a destra: sono gli sbandieratori del Palio di Siena, famosa festa tradizionale italiana, seguita anche da molti turisti. Nel vostro Paese ci sono feste di questo tipo? Scambiatevi informazioni.

10. Parlate un po' della festa nazionale del vostro Paese: che cosa si festeggia, quando e in che modo?

11. Che importanza hanno tutte queste feste (religiose, nazionali, tradizionali) per una famiglia e per una nazione? Scambiatevi idee.

12. Avete qualche ricordo particolare di feste, recente o dalla vostra infanzia? Raccontatelo in breve.

Situazione: Il Capodanno è quasi arrivato e discuti con l'amica del cuore su come trascorrere quella notte importante. Tu preferisci stare con la tua famiglia, mentre lei vuole fare qualcosa di più divertente, come giocare a carte con gli amici o andare a ballare. Alla fine…

lessico utile (glossario a p. 82)

infermiera	chirurgo	ospedale	la diagnosi	medicinale
esaminare	operazione	dottore / essa	prevenzione	in farmacia
malato	intervento	sala di attesa	ambulanza	pillola
ambulatorio	paziente	curare	pronto soccorso	farmacista
vaccinazione	sala operatoria	il dolore	bustarella	dentista

andare dal medico per una visita di controllo

avere mal di testa / di stomaco / di denti / di gola

prendere antibiotici / analgesici

seguire un'alimentazione completa / equilibrata

assistenza medica / sistema sanitario

fare delle analisi

medici senza frontiere

fare sport / esercizio fisico

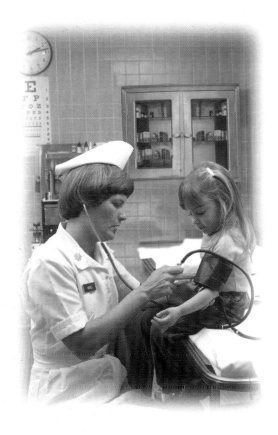 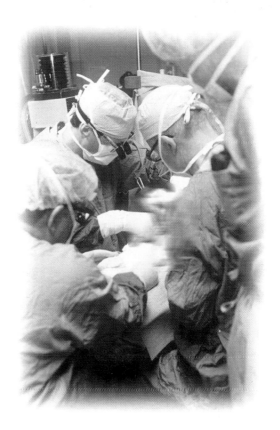

1. Descrivete le due foto in alto.

2. Generalmente, per piccoli problemi di salute, andate subito da un medico o cercate di evitarlo? Scambiatevi idee.

3. Cosa pensate del sistema sanitario del vostro Paese? Da quello che sapete, ci sono molti problemi? Scambiatevi informazioni.

4. Ci sono differenze tra gli ospedali pubblici e quelli privati? Voi quali preferite e perché?

5. Spesso alcuni medici sono accusati di sfruttare la loro posizione e il bisogno dei pazienti; cosa ne pensate? Generalmente avete fiducia in loro?

6. Medici senza frontiere: cosa sapete e cosa pensate di queste persone? Parlatene.

7. Osservate la foto in alto a sinistra e descrivetela. Secondo voi, usiamo troppe medicine?

8. Voi in quali occasioni prendete dei medicinali? Di solito chi vi suggerisce quali prendere?

9. Osservate la foto in alto a destra: la scienza oggi promette una vita molto più lunga, senza problemi di salute. Cosa pensate di questa prospettiva?

10. Nella vita moderna ci sono molte cose che possono danneggiare la nostra salute; quali sono? Scambiatevi idee.

11. Osservate la foto a destra. Che cosa possiamo fare per essere sani? Che cosa fate voi?

12. Per molti la salute è la cosa più preziosa e importante che abbiamo; siete d'accordo? Secondo voi, la apprezziamo sempre abbastanza?

Situazione: Una tua amica ti dice che da un po' di tempo si sente poco bene: si stanca facilmente, ogni tanto ha forti mal di testa, ecc.. Le consigli di andare subito da un medico, senza perdere tempo, perché non si sa mai e anche perché lei è un tipo che rimanda continuamente, essendo troppo impegnata. Dalle sue parole, però, capisci che ha un po' di paura. Alla fine…

35. Tempo e ambiente

lessico utile (glossario a p. 82)

impermeabile	sereno	incendio	pompa	riciclaggio
cartoline	variabile	fuoco	contenitore	danneggiare
previsioni	bollettino	pompiere	raccolta	lo smog
ombrello	meteorologo	vigile del fuoco	pila	inquinamento
il clima	umore	casco	riciclare	industria

"piove a dirotto"
"è scoppiato un temporale"
"al nord nevicherà / al centro pioverà"
"i mari saranno… / i venti saranno…"

"ogni anno si sviluppano molti incendi"
"l'incendio ha bruciato molti ettari di bosco"
appiccare / spegnere il fuoco
proteggere l'ambiente

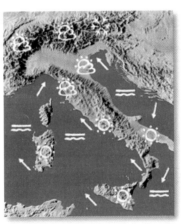
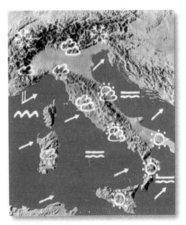

1. Descrivete la vignetta in alto. Cos'è successo?

2. A voi interessa conoscere le previsioni del tempo? Perché?

3. In che modo ci influenzano i cambiamenti del tempo? Qual è il tempo che preferite? Scambiatevi idee.

4. Osservate le due mappe di sopra e i simboli a destra e cercate di dire che tempo farà in questi due giorni in Italia.

5. Spesso il tempo ci può rovinare una giornata, una gita, persino le vacanze intere. Raccontate qualche vostra esperienza: quando e cosa vi è successo?

6. Descrivete la foto in alto a sinistra.

7. Nel vostro Paese si sviluppano spesso incendi? Quali sono le conseguenze di questo fenomeno? Scambiatevi idee.

8. Oltre agli incendi, a quali altre azioni dell'uomo che sono nocive per l'ambiente potete pensare? È grave il problema nel vostro Paese?

9. **Attività:** La protezione dell'ambiente non è responsabilità solo dello stato, ma anche di tutti noi; in coppia parlate delle cose che fate (o non fate) voi personalmente a questo proposito. Poi riferite le informazioni ricevute dal vostro compagno.

10. Descrivete le due foto a destra. Esiste nella vostra città qualche sistema di riciclaggio di carta, di vetro ecc.?

11. Secondo voi, è sufficiente la partecipazione dei vostri concittadini a questa iniziativa o no e perché?

12. C'è abbastanza verde nella vostra città? È importante questo per voi? Motivate le vostre risposte.

Situazione: Un tuo amico legge il giornale ogni giorno e parecchie riviste al mese, però non butta mai tutta questa carta negli appositi contenitori, anche se ce n'è uno per la carta vicino a casa sua. Cerchi di spiegargli l'importanza del riciclaggio, sottolineando che proprio le persone giovani devono avere una mentalità ecologica.

1. Descrivete e commentate la foto a destra

2. Descrivete e commentate la foto in alto

3. Descrivete e commentate la foto a destra

4. Descrivete e poi commentate la seguente sequenza di foto

5. Descrivete e commentate la foto di sotto

6. Descrivete e commentate la foto in alto

7. Descrivete e commentate la sequenza di foto di sopra

8. Descrivete e commentate la foto a sinistra

1. Descrivete e commentate la foto a sinistra

2. Descrivete e commentate la foto a destra

3. Descrivete e commentate la foto a sinistra

4. Descrivete e commentate la foto a destra

5. Descrivete e commentate la foto a sinistra

6. Descrivete e commentate la foto a destra

7. Descrivete e commentate la foto a sinistra

8. Descrivete e commentate la foto a destra

Glossario

In questo glossario troverete quelle parole del *lessico utile* che abbiamo ritenuto più difficili. Abbiamo cercato di spiegarle nel modo più semplice possibile e abbiamo dato ogni volta il significato che hanno nel determinato contesto di ogni capitolo.

2. LA MIA FAMIGLIA

anziano: non più giovane
felice: contento
genitori: la madre e il padre
membro: persona che fa parte di un gruppo
"sono molto legato a...": sono molto vicino a qualcuno
"vado d'accordo con...": ho le stesse idee con qualcuno

3. GLI AMICI

allegro: contento
amico del cuore: migliore amico, amico intimo
chiacchierare: parlare di cose poco importanti
discutere: parlare
spesso: molte volte
uscire: andare fuori

4. LA MIA CASA

accogliente: ospitale, "calda"
affitto: quello che paghiamo se la casa non è nostra
comodo: confortevole
edificio: palazzo
luminoso: con molta luce
palazzo: edificio a più piani
soffitto: la parte in alto di una stanza
stanza: camera

5. UNA GITA

affollato: con molta gente
aquilone: giocattolo di carta che vola con l'aiuto del vento
costume da bagno: lo mettiamo per fare il bagno
ferie: vacanze per chi lavora
fine settimana: sabato e domenica, week-end
gente: persone
nuvola: se ci sono molte nuvole, piove
ombrellone: grande ombrello da spiaggia
prato: spazio verde
zaino: borsa che portiamo sulle spalle

6. PERSONAGGI FAMOSI

calciatore: chi per professione gioca a calcio
conosciuto: noto
famoso: molto noto
protagonista: chi ha il primo ruolo
tenore: cantante dell'opera
vita privata: vita personale

7. A SCUOLA

alunno / allievo: chi va a scuola

aula: classe
"frequento la scuola media": vado alla scuola media
intervallo: pausa
scuola elementare: dai 6 anni fino agli 11 anni
scuola media: dai 12 ai 15 anni circa
scuola superiore: liceo
superare un esame: avere successo a un esame

8. PROFESSIONI

avvocato: aiuta chi ha problemi legali
casalinga: donna che fa i lavori di casa
commesso: chi lavora in un negozio
curare: aiutare i malati
disoccupato: chi non ha un lavoro
faticoso: stancante
guadagnare: ricevere soldi grazie al lavoro
impiegato: chi lavora in un ufficio
negozio di abbigliamento: negozio che vende vestiti
noioso: poco interessante
pesante: faticoso
progettare: disegnare
rivista: periodico
scattare una foto: fare una foto
sfilata: camminare sulla passerella
stipendio: i soldi che prende ogni mese chi lavora

9. MEZZI PUBBLICI

affollato: con molta gente
fermata: il posto dove aspettiamo l'autobus
fila: molte persone che aspettano l'una dietro l'altra
in orario: senza ritardo
in ritardo: che arriva tardi
"mi conviene di più": è meglio per me
"mi dà fastidio": non è piacevole per me
sciopero: quando, per protesta, non andiamo al lavoro
stazione: posto di partenza o di arrivo del treno
traffico: quando ci sono troppe macchine per strada
urbano: della città

10. MUSICA

ad alto volume: musica forte
cuffie: le mettiamo alle orecchie per ascoltare la musica
genere: tipo
mangianastri: lo usiamo per ascoltare cassette
palco: posto dove sta un cantante durante un concerto
pubblico: persone che assistono a un concerto, uno spettacolo ecc.
strumento musicale: violino, pianoforte ecc.

11. TEMPO LIBERO

andare in giro: passeggiare
chiacchierare: parlare di cose poco importanti
cruciverba: gioco di parole nelle riviste e nei giornali
discutere: parlare
divertente: piacevole
divertimento: passatempo piacevole
giochi di società: giochi da tavolo (scacchi, dama ecc.)
noioso: non interessante
passatempo: hobby
passeggiare: camminare
piacevole: che dà piacere
stufo delle stesse cose: stanco di fare le stesse cose

12. GUARDARE LA TV

programma molto seguito: che guardano molte persone
rete: canale
telecomando: lo usiamo per cambiare canale
telefilm: serie televisiva
telegiornale: notizie televisive
telespettatore: chi guarda la televisione
trasmissione: programma
tv / canale a pagamento: che non possiamo guardare senza pagare
varietà: show televisivo

13. ABBIGLIAMENTO E MODA

abito: capo di abbigliamento
camicetta: camicia da donna
capo firmato: di uno stilista famoso
completo: giacca e pantalone, di materiale e colore simile
giacca: che portiamo di solito sopra la camicia
giubbotto: capo pesante, di solito corto, che mettiamo quando fa freddo
indossare: portare
maglietta: T-shirt
maglione: pullover
sfilata: presentazione dei nuovi modelli
taglia: misura, numero di un abito
tessuto: materiale degli abiti
vestito: abito femminile
zaino: borsa che mettiamo sulle spalle

14. A TAVOLA

colazione: quello che mangiamo la mattina presto
contorno: accompagna un piatto di carne o pesce (p.e. insalata)
cornetto: brioche, croissant
dimagrire: perdere peso
fare merenda: mangiare qualcosa tra i pasti principali
ha molte calorie: ingrassa
ingrassare: prendere peso
mangiare sano: mangiare cibi che fanno bene alla salute
mantenere la linea: continuare ad avere un peso giusto
nutritivo: cibo che fa bene
panino: sandwich
pasta: spaghetti, lasagne, tortellini ecc.
pentola: la usiamo per cuocere cibi vari
pranzo: il pasto di mezzogiorno
sapore: gusto
squisito: un piatto molto buono
trattoria: taverna
una ricetta tradizionale: un piatto tipico di un Paese o di una regione

15. ANIMALI DOMESTICI E NON

accarezzare: toccare con affetto, con amore
affettuoso: che mostra il suo amore, dolce
bastardino: di razza incerta
cane randagio: senza padrone, che vive per strada
cucciolo: cane appena nato
fedele: un animale che rimane vicino al suo padrone
gabbia: là dentro chiudiamo animali, p.e. uccelli
guinzaglio: lo usiamo per portare in giro i cani
maltrattare: trattare male
padrone: proprietario di un animale
razza: animali con le stesse caratteristiche
vaccinazione: la facciamo, agli uomini o agli animali, per prevenire le malattie
veterinario: medico per animali

16. CINEMA E TEATRO

autore: scrittore
"che film danno?": che film c'è?
d'avventura: film con molta azione
fantascienza: tra scienza e fantasia
genere: tipo
giallo: poliziesco
girare: fare un film
in prima visione: nuovo
operatore: chi lavora con la cinecamera
palcoscenico: la scena del teatro
platea: il posto dove si trovano gli spettatori
protagonista: chi ha il ruolo più importante in un film
pubblico: persone che seguono uno spettacolo
regista: chi dirige una rappresentazione cinematografica, televisiva
scenario: storia di un film
spettacolo: rappresentazione musicale, teatrale

spettatore: chi segue uno spettacolo

17. MERCATI E SUPERMERCATI

banco: lungo tavolo

barattolo: vaso di vetro o di alluminio

bottiglia: vi mettiamo vino, acqua ecc.

carrello: vi mettiamo le cose che compriamo al supermercato

cassa: il posto dove paghiamo quello che compriamo

cliente: chi va in un negozio per comprare qualcosa

confezionato: impacchettato

cosmetici: prodotti di bellezza

detersivo: prodotto per la pulizia

fruttivendolo: chi vende frutta e verdura

ortaggi: verdure

prodotti: le cose che compriamo

reparto: nei supermercati, parte divisa per vendita di vari prodotti

sacchetto: busta di carta o di plastica

scaffale: mobile dove mettiamo oggetti di ogni tipo

spesa: ciò che compriamo per la casa

surgelato: non fresco, conservato al congelatore

18. STAMPA E LIBRI

biblioteca: dove possiamo leggere e prendere in prestito libri

consultare: cercare in un libro, dizionario ecc.

copertina: pagina esterna

edicola: dove compriamo giornali e riviste

fumetto: racconto disegnato

giallo: poliziesco

giornalista: chi scrive per i giornali e le riviste

in prestito: prendere per poi ridare indietro

lettore: chi legge

libreria: il negozio che vende libri

mensile: rivista che esce ogni mese

pettegolezzo: chiacchiera, informazioni sulla vita personale di qualcuno

pubblicazione: opera pubblicata

quotidiano: giornale

recensione: breve commento critico

rivista di attualità: di temi moderni e vari

scrittore: chi scrive libri

settimanale: rivista che esce ogni settimana

sfogliare: girare le pagine di un periodico

stampa: l'insieme di giornali e riviste

trama: storia

"un libro amplia la mente": un libro apre nuovi orizzonti

19. QUESTI RAGAZZI

adolescente: chi ha un'età tra i 12 e i 17 anni

adulto: maggiorenne

comodità: facilità, comfort

comunicazione: scambio di pensieri e di sentimenti

maggiorenne: chi ha più di 18 anni

maturo: che si comporta in modo responsabile, serio

minorenne: chi ha meno di 18 anni

opportunità: occasione

paghetta: i soldi che i genitori danno mensilmente ai figli

pressione: stress

rapporto: relazione

ribelle: chi non è ubbidiente

severo: duro, austero

spensierato: senza preoccupazioni, tranquillo

ubbidiente: chi fa quello che gli dicono di fare

20. AMICIZIA E AMORE

abbracciare: prendere tra le braccia

amico del cuore / intimo: il miglior amico

appuntamento: incontro programmato tra due o più persone

bugia: una cosa non vera

bugiardo: chi non dice la verità

"ci siamo lasciati / abbiamo rotto": non stiamo più insieme, il nostro rapporto è finito

compagnia: gruppo di amici

coppia: due persone che stanno insieme

"fare la corte / il filo a qualcuno": mostrare interesse sentimentale per qualcuno

fedele: chi non tradisce

fidanzato: chi ha un rapporto sentimentale "serio" con qualcuno

fiducia: stima, fede in una persona

follia: pazzia

innamorato: chi prova amore

innamorato cotto: molto innamorato

invidia: gelosia

litigare: discutere in modo poco calmo, a volte violento

"mi tratta bene": si comporta bene con me

rapporto: relazione

rispettare: dimostrare la nostra stima per una persona

sentimento: quello che sentiamo

sincerità: dire sempre la verità

21. BELLEZZA, CHE FATICA!

acconciatura: modo di sistemare i capelli

aerobica: tipo di esercizio fisico

alimentazione: modo di mangiare

allenamento: esercizio fisico
controllare: esaminare
cosmetici: prodotti di bellezza
curare il proprio fisico / aspetto: cercare di essere belli
dimagrire: perdere chili
dopobarba: lozione che si mette dopo aver fatto la barba
palestra: posto dove facciamo ginnastica
pesi: li usiamo per fare ginnastica
pettinatura: forma che diamo ai capelli
rasoio: lo usano gli uomini per farsi la barba
rossetto: lo usano le donne per colorare le labbra
schiuma da barba: gli uomini la mettono sul viso per farsi la barba
specchietto: piccolo specchio
tinta: materia che dà colore
trucco: make-up

campo: area di gioco
dilettante: non professionista
equitazione: attività sportiva a cavallo
gara: competizione sportiva
giocatore: chi gioca per una squadra
pallacanestro: basket
pallavolo: volley
partita: gara tra due squadre
segnare: fare un punto o un goal a favore della propria squadra
spettatore: chi segue uno spettacolo
sport individuale: praticato da una persona
squadra: gruppo sportivo
teppismo: comportamento vandalistico e violento
tifoso: sostenitore, spesso fanatico, di una squadra
tiro: nel calcio, lancio della palla
totocalcio: gioco basato sui risultati delle partite di calcio

22. CITTÀ O CAMPAGNA?

abitazione: casa
agenzia immobiliare: ufficio che aiuta i clienti a comprare o a vendere case, appartamenti o terreni
cemento: materiale per costruzioni
cittadina: piccola città
condominio: palazzo
cortile: spazio aperto intorno a una casa o una scuola
costruzione: edificio
edificio: palazzo
giardino: spazio verde, con fiori e alberi, intorno a una casa
paese: luogo con pochi abitanti
palazzo: edificio a più piani
periferia: zona lontano dal centro
provincia: area che comprende paesi e piccole città
quartiere: zona della città
quartiere residenziale: zona con belle case, di solito senza negozi
rumoroso: con rumore, non silenzioso
smog: aria sporca, inquinata
tetto: la parte che copre un edificio o una casa
traffico: troppe macchine per strada
tranquillità: serenità, calma
villetta: casa a uno o due piani, con un piccolo giardino

23. SPORT

allenamento: preparazione sportiva
arbitro: chi dirige una partita
avversario: antagonista
calcio: football

24. IN GIRO PER I NEGOZI

a rate: pagare poco alla volta
acquisto: compera
bancarella: banco per strada, dove è possibile fare acquisti a prezzi bassi
cassa: dove paghiamo quello che compriamo
commesso: chi lavora in un negozio
costoso: caro
denaro: soldi
negozio di abbigliamento: che vende vestiti
negozio di calzature: che vende scarpe
gioielleria: negozio che vende gioielli
in contanti: pagare con banconote e non a rate o con la carta di credito
in offerta: a prezzo speciale
libreria: negozio che vende libri
portafogli: lo usiamo per mettere i soldi
profumeria: negozio che vende profumi e prodotti di bellezza
provare: mettere un abito per decidere se comprarlo o no
saldi: sconti, prezzi bassi
sprecare: spendere troppo

25. SPOSTARSI IN CITTÀ

allacciare la cintura di sicurezza: mettere la cintura di sicurezza
autobus: mezzo di trasporto pubblico
cartello stradale: tabella con segnali stradali
casco: lo portiamo sulla testa per protezione
"ci metto un'ora per…": mi serve un'ora per...
circolazione: movimento di mezzi di trasporto

codice stradale: complesso di regole che dobbiamo rispettare quando circoliamo per strada

divieto di sosta: non è permesso fermarsi o parcheggiare

divisa: i vestiti dei vigili, dei poliziotti, dei militari ecc.

eccesso di velocità: andare troppo veloce e sopra il limite

inquinamento: aria (o acqua) sporca, smog

marciapiede: spazio per i pedoni accanto alla strada

moto: motocicletta

multa: somma che paghiamo se non rispettiamo il codice stradale

parcheggio: posto per lasciare la macchina

patente: documento che permette di guidare legalmente

pedone: chi va a piedi

semaforo: se è verde passiamo, se è rosso no

vigile: agente che regola la circolazione

violazione: il non rispettare una legge

26. VIAGGIANDO

atterraggio: quando l'aereo arriva a terra

attesa: la situazione di aspettare qualcosa o qualcuno

bagagli: valigie, borse, ecc., di chi viaggia

biglietteria: posto dove compriamo i biglietti

binario: rotaie dove passa il treno

carrello: lo usiamo per portare i bagagli

controllori di volo: le persone che controllano gli atterraggi e i decolli degli aerei

decollo: quando l'aereo si alza in volo

destinazione: il posto dove vogliamo arrivare

hostess: aiuta i passeggeri sull'aereo, serve i pasti ecc.

incidente: disgrazia

meta turistica: destinazione turistica

nave: mezzo per viaggiare per mare

passeggero: persona che usa un mezzo di trasporto

porto: dove sostano le navi

prenotare: riservare un posto, un biglietto ecc., prima del viaggio

ritardo: arrivare tardi

sciopero: quando per protestare, non si lavora

stazione ferroviaria: stazione dei treni

traghetto: tipo di nave

27. UNA VITA SUI BANCHI

alunno: allievo

certificato: diploma

compito: quello che deve preparare l'allievo a casa

corso: ciclo di studi

docente: insegnante, professore

facoltativo: che non è obbligatorio

imparare: conoscere, apprendere

istruzione: la cultura che si acquisce con lo studio

laurea: la prende chi finisce l'università

"mi ha bocciato": non ho superato l'esame o la classe

obbligatorio: quello che dobbiamo fare

prova: esame

quaderno: dove gli alunni scrivono i compiti

scuola dell'obbligo: gli anni di scuola obbligatori per tutti

sostenere un esame: dare un esame

superare un esame: avere successo a un esame

tradurre: riportare da una lingua in un'altra

vacanza studio: combinazione di vacanze e lezioni

zainetto: piccolo sacco per mettere i libri o altro che portiamo sulle spalle

28. LA TECNOLOGIA E NOI

abusare: usare troppo

apparecchio: strumento elettrico (p.e. televisore, stereo ecc.)

bolletta: la somma che paghiamo per il telefono, la luce ecc.

carica batterie: lo usiamo quando la batteria è vuota

cellulare: telefonino

dimensione: grandezza

dischetto: piccolo disco di plastica per registrare dati del computer, floppy disk

informatica: la scienza dei computer

invenzione: scoperta tecnologica

navigare in Internet: viaggiare in Internet

portatile: che possiamo portare con noi

prefisso: numero che facciamo prima del numero telefonico per una chiamata interurbana

schermo: superficie di vetro dove vediamo le immagini del computer

stampante: printer

sviluppo: aumento, crescita

tastiera: la usiamo per scrivere al computer

telefonino: telefono cellulare

29. VACANZE

abbronzarsi: prendere colore, diventare più scuri

asciugamano: lo usiamo per le mani o il corpo quando sono bagnati, umidi

bosco: area piena di alberi

campeggiare: fare campeggio

costume da bagno: lo mettiamo per fare il bagno

crema abbronzante: crema che protegge dal sole

escursione: gita

fare un tuffo: buttarsi nell'acqua

neve: copre le montagne in inverno

noleggiare: affittare
nuotare: fare il bagno
ombra: parte protetta dal sole, senza sole
ombrellone: grande ombrello da spiaggia
riva / costa: accanto al mare
sacco a pelo: materassino leggero che portiamo per dormire per terra
sciare: fare lo sci
trekking: camminare a lungo tra boschi e montagne
tuta: capo che mettiamo per sciare o per altri sport

30. SPOSATI CON FIGLI

banchetto di nozze: ricevimento di matrimonio
celibe: uomo non sposato
nubile: donna non sposata
cerimonia: celebrazione religiosa
civile: non religioso
coniugi: marito e moglie
convivenza: vivere insieme
crescere: allevare
divorzio: separazione legale, fine di un matrimonio
educazione: trasmissione di conoscenze e di valori morali e culturali ai più giovani
genitore: il padre o la madre
indipendenza: libertà
matrimonio: unione ufficiale, tra un uomo e una donna
nascita: l'arrivo di un bambino al mondo
parente: zii, cugini, nipoti ecc.
prete: chi serve la messa
rapporto: relazione
religioso: secondo la religione
rispetto: sentimento di stima
sposini: giovani sposi
sposo/a: l'uomo e la donna, nel giorno del matrimonio
suocero/a: il padre o la madre degli sposi

31. CHE SI FA STASERA?

"abbiamo fatto le ore piccole": siamo tornati a tarda notte
"abbiamo fatto quattro risate": abbiamo riso molto
accompagnare: andare insieme con qualcuno in un luogo
alcolico: con alcol
ambiente: spazio dove viviamo
andare a spasso: andare fuori, andare in giro
andare in giro: uscire
annoiarsi: non divertirsi
barista: chi lavora in un bar
bevanda: bibita, p.e. aranciata, coca-cola, ecc.
"ci siamo divertiti un sacco / un mondo": ci siamo divertiti molto
compagnia: gruppo di amici
corteggiare: tipo di comportamento verso una persona che ci piace molto
divertirsi: stare bene
umore: situazione psicologica
frequentare un locale: andare spesso in un locale
fumo: ciò che la sigaretta lascia nell'aria
locale: posto di divertimento
notturno: quello di notte
ordinare: chiedere un piatto o una bevanda
rilassarsi: stare tranquillo, rilassato
ubriacarsi: bere troppo alcol

32. LAVORARE

ambiente: luogo
annuncio: avviso pubblicato sul giornale di offerte o richieste di lavoro o altro
assunzione: dare lavoro a qualcuno
collaborare: lavorare insieme a qualcuno
collega: la persona che lavora con noi
disoccupato: chi non ha un lavoro
disoccupazione: la mancanza di posti di lavoro
esperienza: conoscenza pratica, non solo teorica
colloquio di lavoro: intervista per un posto di lavoro
fatica: stanchezza
impiegato: chi lavora in un ufficio
impresa: ditta
curriculum vitae: scheda di dati personali (titoli di studio, esperienza ecc.)
lavoro part time / a tempo pieno: meno di otto ore / otto ore al giorno
licenziamento: mandare via qualcuno dal posto di lavoro
mi dà ai nervi: mi dà fastidio
privato: non pubblico
prospettiva: possibilità nel futuro
pubblico: dello stato
requisiti: qualità che uno deve avere per un determinato posto di lavoro
scrivania: mobile sul quale scriviamo
stipendio: pagamento mensile di chi lavora
titolo di studio: certificato di studi

33. FESTE E COSTUMI

addobbare: decorare
andare alla messa: andare in chiesa
Babbo Natale: vecchio uomo che porta regali ai bambini a Natale
barba: insieme di peli sul viso di un uomo
Befana: vecchia donna brutta, che secondo la tradi-

zione italiana, porta regali ai bambini durante la festa dell'Epifania

Capodanno: il primo giorno dell'anno

cenone: la cena della sera dell'ultimo dell'anno

"ci scambiamo regali": dare e ricevere regali

costume: abito che portiamo a Carnevale

croce: simbolo del Cristianesimo

divertirsi: passare bene il tempo

Epifania: festa del 6 gennaio

festeggiare: fare festa

i re magi: secondo la tradizione, hanno portato regali a Gesù bambino

liberazione: quando un Paese diventa di nuovo libero

maschera: la mettiamo sul viso a Carnevale

natalizio: di Natale

pallina: piccola palla per decorare l'albero di Natale

panettone: tipico dolce italiano di Natale

Pasquetta: il giorno dopo la Pasqua

regalare: dare qualcosa in regalo

rito: cerimonia tradizionale, usanza

settimana santa: la settimana prima di Pasqua

stalla: il posto dove stanno mucche, cavalli ecc.

stella cometa: quella che, secondo la tradizione, ha guidato i re magi da Gesù bambino

tacchino farcito: tacchino ripieno (tipico piatto di Natale)

tradizionale: secondo la tradizione

vittoria: vincere i nemici

34. MEDICI E SALUTE

alimentazione: modo di mangiare

ambulanza: auto speciale che trasporta pazienti

ambulatorio: il luogo dove il medico visita i malati

analgesici: medicine contro il dolore

assistenza: aiuto

bustarella: soldi che un medico può chiedere di nascosto

chirurgo: medico che opera

curare: offrire cure mediche

dentista: medico che cura i denti

dolore: avere male, soffrire fisicamente

esaminare: controllare

fare delle analisi: fare degli esami medici

farmacista: chi vende farmaci

frontiera: zona che separa due stati

infermiera: persona che aiuta i malati

malato: chi non è sano

medicinale: farmaco

paziente: malato

pillola: medicinale

pronto soccorso: ospedale per casi urgenti

vaccinazione: la facciamo per prevenire alcune malattie

35. TEMPO E AMBIENTE

appiccare: mettere fuoco

bollettino: breve informazione sul tempo

casco: lo mettiamo per proteggere la testa

contenitore: scatola, lattina, bidone ecc.

danneggiare: fare del male

"è scoppiato un temporale": è cominciata una tempesta, una forte pioggia

ettaro: 10.000 metri quadrati

impermeabile: capo che portiamo quando piove

incendio: grande fuoco

meteorologo: scienziato che studia le previsioni del tempo

pila: batteria

"piove a dirotto": piove molto forte

pompa: tubo pieno di acqua che usano i pompieri per spegnere il fuoco

pompiere: chi per lavoro spegne il fuoco

previsioni: calcoli e stime sul tempo e il futuro in genere

raccolta: mettere insieme cose e oggetti

riciclaggio: riutilizzo di alcune materie, p.e. carta, alluminio, vetro ecc.

sereno: chiaro, senza nuvole

smog: inquinamento atmosferico

umore: situazione psicologica

variabile: che cambia, non stabile

vigile del fuoco: pompiere

La Prova Orale 2

Indice

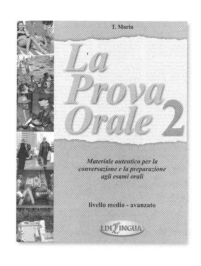

Titolo - livello	pag.
1. Vacanze e turismo ▪▪▪	9
2. Genitori e figli ▪▪▪	11
3. Lavoro ▪▪▪	13
4. Tempi moderni ▪▪▪	15
5. Scuola ▪▪▪	17
6. Sport e teppismo ▪▪▪	19
7. Televisione e pubblicità ▪▪▪	21
8. Abusi: fumo e alcol ▪▪▪	23
9. Razzismo e immigrazione ▪▪▪	25
10. Arte e patrimonio artistico ▪▪▪	27
11. Volontariato e solidarietà ▪▪▪	29
12. Consumismo ▪▪▪	31
13. Donna moderna ▪▪▪	33
14. Macchine: prestigio e sicurezza ▪▪▪▪	35
15. Divismo e privacy ▪▪▪▪	37
16. Bellezza ▪▪▪▪	39
17. Computer e Internet ▪▪▪▪	41
18. Giovani ▪▪▪▪	43
19. Spazio e vita extraterrestre ▪▪▪▪	45
20. Amore sicuro e non ▪▪▪▪	47
21. Anoressia e bulimia ▪▪▪▪	49
22. Animali, questi nemici ▪▪▪▪	51
23. Salute ▪▪▪▪	53
24. Guerra e servizio militare ▪▪▪▪	55
25. La terza età ▪▪▪▪	57
26. Droga ▪▪▪▪	59
27. Giustizia, carceri e pene ▪▪▪▪	61
28. Uomo e ambiente ▪▪▪▪	63

Titolo - livello	pag.
29. Matrimonio sì, matrimonio no ▪▪▪▪▪	65
30. Minori a rischio ▪▪▪▪▪	67
31. Religione e ideologie ▪▪▪▪▪	69
32. Il calo delle nascite ▪▪▪▪▪	71
33. Sesso e moralità ▪▪▪▪▪	73
34. Giochi e scommesse ▪▪▪▪▪	75
35. Vita stressante ▪▪▪▪▪	77
36. Terzo mondo ▪▪▪▪▪	79
37. Genitori a tutti i costi ▪▪▪▪▪	81
38. Piccoli delinquenti ▪▪▪▪▪	83
39. In guerra con la natura ▪▪▪▪▪	85
40. Economia e denaro ▪▪▪▪▪	87
41. Criminalità e violenza ▪▪▪▪▪	89
42. Trapianto e clonazione ▪▪▪▪▪	91
43. Politica ▪▪▪▪▪	93
44. Sport, affari e adrenalina ▪▪▪▪▪	95
45. Alimentazione e biotecnologia ▪▪▪▪▪	97
Compiti Comunicativi	100
Espressioni e massime	107
Glossario	115

Per capire l'indice

▪▪▪ Livello e tipologia simili alle prove orali del CELI 3 (Perugia), del CILS 2 (Siena) o altri diplomi.
▪▪▪▪ Livello e tipologia simili alle prove orali del CELI 4 (Perugia), del CILS 3 (Siena) o altri diplomi.
▪▪▪▪▪ Livello e tipologia simili alle prove orali del CELI 5 (Perugia), del CILS 4 (Siena) o altri diplomi.
Unità tematiche come p.e. *Bellezza* (▪▪▪▪) o *Minori a rischio* (▪▪▪▪▪) possono essere utilizzate a più di un livello.

T. Marin   S. Magnelli

Progetto italiano 1

Corso di lingua e civiltà italiana
Livello elementare – intermedio

Progetto italiano 1 è il primo livello di un moderno corso di italiano. Si rivolge a studenti adolescenti o adulti.

CARATTERISTICHE

- Uso di una lingua moderna attraverso situazioni e dialoghi originali e piacevoli
- Equilibrio tra elementi comunicativi (presentati in modo sistematico attraverso mini dialoghi) e grammaticali (presentati in contesto e attraverso schede di facile comprensione)
- Attività comunicative che motivano e facilitano l'apprendimento
- Lavoro sistematico sulle 4 abilità linguistiche con particolare attenzione a quelle orali
- Presentazione della realtà socioculturale dell'Italia attraverso brevi testi per la comprensione scritta e l'uso di materiale autentico
- Revisione sistematica delle strutture morfosintattiche e del vocabolario
- Tipologia relativa alle prove d'esame delle certificazioni CELI 1 e 2 (Perugia), CILS 1 (Siena) e altri diplomi simili
- Diretta corrispondenza tra il libro dei testi e quello degli esercizi
- Impostazione grafica molto moderna, chiara e piacevole
- Facile nell'uso, adatto per studenti di nazionalità varie

Il corso è composto da:
Libro dei testi, articolato in 11 unità di lavoro e 1 introduttiva
Libro degli esercizi, con test finali, prove d'ascolto e cruciverba per ogni unità, e test di ricapitolazione per ogni 3 unità
1 audiocassetta / 1 cd audio, con i dialoghi introduttivi delle unità e i testi per la comprensione orale
Guida e chiavi, con idee pratiche sull'uso del libro e le soluzioni degli esercizi
Materiali supplementari su Internet

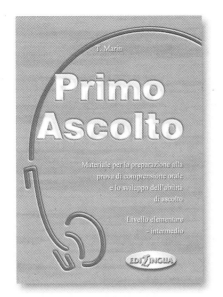

T. Marin

Primo Ascolto

Materiale per la preparazione alla prova di comprensione orale e lo sviluppo dell'abilità di ascolto

Livello elementare - intermedio

Primo Ascolto è il primo volume di una serie di moderni manuali di ascolto. Mira alla preparazione della prova di comprensione orale di vari esami di lingua, quali CELI 1 e 2, CILS 1 e altri simili e, nello stesso tempo, allo sviluppo dell'abilità di ascolto.

I dialoghi vivi e spesso divertenti, il vasto uso di materiale fotografico e l'impostazione grafica moderna, rendono l'apprendimento piacevole e il libro adatto a studenti di varie fasce di età.

È composto da 40 testi di cui gli ultimi 10 autentici. Ogni testo è corredato da due attività, una preparatoria e una di tipologia simile ai suddetti esami.

I testi coprono una grande varietà di argomenti e situazioni adatte a questo livello linguistico (noi, amici e parenti, casa, musica, cucina, cinema, tv, il tempo, trasporti, professioni, notizie e curiosità, pubblicità, abbigliamento ecc.), nonché di atti comunicativi altrettanto utili (esprimere accordo, gioia, rammarico, accettare/rifiutare, rispondere con certezza, ordinare, dare indicazioni, ecc.). Così lo studente ha la possibilità di trovarsi a contatto non solo con la lingua viva ma anche con la realtà italiana, imparando lessico nuovo.

Primo Ascolto si rivolge a studenti principianti o falsi principianti e può essere usato fino ad un livello intermedio. È stato disegnato per corredare *Progetto italiano 1* e *La Prova orale 1*, trattando molti dei loro argomenti e seguendo lo stesso ordine, ma può essere utilizzato anche separatamente. Può essere inserito in curricoli diversi e in qualsiasi momento del curricolo stesso.
È accompagnato da un'audiocassetta e da un cd audio e dal libro del professore, con le chiavi degli esercizi e la trascrizione dei testi.

La collana è completata da *Ascolto Medio* e *Ascolto Avanzato*.

A. Cepollaro

Video italiano 1

Videocorso italiano per stranieri
Livello elementare - intermedio

Video italiano 1 è il primo livello di un videocorso per l'insegnamento della lingua italiana attraverso trasmissioni televisive. Si rivolge ad un pubblico di adolescenti e adulti. Consta di 18 filmati autentici.

Il corso è composto da:

1. **Quaderno dello studente** con attività concentrate sia sull'audio che sull'immagine.
2. **Libro del professore** con guida, trascrizioni dei testi e chiavi delle attività.
3. **Una videocassetta** con filmati autentici televisivi. (Durata:120 min.).

Caratteristica principale di questo volume: il peso che si dà allo sviluppo della comprensione orale e alla produzione scritta e orale tramite materiale autentico.

Con *Video Italiano 1* lo studente sarà a contatto diretto con la lingua italiana odierna e verrà a conoscenza della cultura italiana in prima persona.

Video Italiano 1 è una finestra sul mondo italiano dove i discenti possono affacciarsi e imparare divertendosi. Può corredare ***Progetto italiano 1***, in quanto tratta gli stessi argomenti, oppure essere utilizzato separatamente.

A. Moni

Scriviamo!

Attività per lo sviluppo dell'abilità di scrittura
Livello elementare - intermedio

Questo volume è finalizzato allo sviluppo dell'abilità di scrittura a livello elementare e intermedio. Comprende 20 unità tematiche di argomenti vari che introducono lo studente all'esplorazione di argomenti come: io e la famiglia, gli amici, l'ambiente in cui viviamo, passatempi e interessi vari, la corrispondenza, il mondo del lavoro, la nostra società e la nostra fantasia. Lo scopo del libro è di guidare gradualmente lo studente dalla scrittura guidata alla scrittura libera, incoraggiandolo a sviluppare le proprie idee con originalità, chiarezza e stile.

Ogni unità è introdotta da un testo accompagnato da
- attività di comprensione
- esercitazioni finalizzate alla correttezza lessicale e morfosintattica
- attività per sviluppare la ricerca delle proprie idee, la loro formulazione corretta e la coesione testuale
- composizioni guidate e libere

Finito di stampare nel mese di agosto 2000